冰 心

（1900—1999）

福建历史文化名人丛书
福建省社会科学界联合会 编

冰 心

世纪老人 文坛祖母

邱伟坛 编著

海峡出版发行集团 THE STRAITS PUBLISHING & DISTRIBUTING GROUP | 福建人民出版社 FUJIAN PEOPLE'S PUBLISHING HOUSE

图书在版编目（CIP）数据

冰心：世纪老人 文坛祖母 / 邱伟坛编著. --福州：福建人民出版社，2022.11

（福建历史文化名人丛书）

ISBN 978-7-211-08732-7

Ⅰ. ①冰… Ⅱ. ①邱… Ⅲ. ①冰心（1900–1999）—传记 Ⅳ. ①K825.6

中国版本图书馆CIP数据核字（2021）第178762号

冰心

BINGXIN

——世纪老人 文坛祖母

作　　者： 邱伟坛

责任编辑： 陈　宽

责任编辑： 李雪莹

出版发行： 福建人民出版社　　**电　　话：** 0591-87604366(发行部)

网　　址： http://www.fjpph.com　　**电子邮箱：** fjpph7211@126.com

地　　址： 福州市东水路76号　　**邮　　编：** 350001

经　　销： 福建新华发行（集团）有限责任公司

印　　刷： 福州凯达印务有限公司

地　　址： 福州市金山红江路2号浦上工业园B区47号楼

开　　本： 700毫米×1000毫米 1/16

印　　张： 11.75

字　　数： 120千字

版　　次： 2022年11月第1版　　2022年11月第1次印刷

书　　号： ISBN 978-7-211-08732-7

定　　价： 25.00元

总 序

李 红

社会科学承载着“认识世界、传承文明、创新理论、咨政育人、服务社会”的重要功能，是人类赖以传承的精神支柱。近年来，福建省各级各部门认真贯彻《福建省社会科学普及条例》，社会科学普及工作扎实开展、稳步推进，通过举办全省社科普及宣传周、建立社科普及基地、开办社科普及讲坛等社科普及咨询平台载体，其制度化、常态化、大众化工作取得了明显成效。

习近平总书记指出，文化是民族生存和发展的重要力量，中华优秀传统文化已经成为中华民族的基因，植根在中国人内心，潜移默化地影响着中国人的思维方式和行为方式。福建文化是中华文化中极富特色的一部分，深度融入了中国文化的进程，展现出突破陈规、积极进取、兼容并包、锐意创新的胸襟和气魄。向大众传播福建优秀的历史文化知识，是福建省社科普及工作的重要内容。以接福建地气、讲福建故事、塑福建形象、续福建文脉的姿态编辑出版的“福建历史文化名人丛书”，既较为全面地展示了福建文化深厚的历史底蕴和丰富的人文精神，也为福建当下的社会文化建设提供了有益的资鉴。“福建历史文化名人丛书”所包含的朱熹、林则徐、严复、陈嘉庚等人物传记，记录了福建文化之于中国历史的影响，同时也以人物史的叙述方式生动地展现出中国人文精神的风骨和传统文化的传承。

今天，我们提倡和弘扬社会主义核心价值观，必须从中华优秀传统文化中汲取丰富营养，否则就会缺乏生命力和影响力。“福建历史文化名人丛书”记录了福建历史文化人物的价值观践行轨迹，重温了这批福建历史文化乃至中国历史文化史上重要人物的生命历程，以浅显晓畅、通俗易懂的叙述方式讲述了中华优秀传统文化传承的当代意义，开辟了社会科学知识进入千家万户的新路子。

“最忆市桥灯火静，巷南巷北读书声。”一套好的社会科学普及丛书，总是能带动起读书的风气。将学习作为一种追求、爱好和健康的生活方式，也是“福建历史文化名人丛书”所期望实现的目标。在文字中领略福建地域文化魅力，在阅读中传承传统文化养分，在感悟中提升人文道德情操，社会科学普及丛书的出版，可谓正当其时。

（作者系福建省人民政府原副省长，福建省政协原副主席）

目　录

引言

清光绪七年（1881年），福建省福州府侯官县一个叫隆普营的地方。

这里有一座宅子，主人叫谢銮恩，在光禄坊道南祠开馆授徒。他的祖籍是长乐金峰横岭村，世代务农，谢銮恩是谢家第一个读书识字的人。

长乐，名取自《诗经》“长安久乐”之意，位于闽江口南岸，是福建省会福州的门户，与台湾隔海相望。

金峰镇横岭村旧貌

当时的长乐横岭村，全村姓谢，地处偏远，人口稀少，在相当长的时期内，这里的人们靠农田种植为生。据2005年福州市地方志编纂委员会组织编写的《冰心志》所载：“横岭谢氏源于河南唐河，‘永嘉之乱’时，申伯三十六世孙谢衡自河南阳夏迁越之始宁（今浙江上虞）之东山。至申伯六十五世孙伯俭为贾迁长乐，生子录、铨，留在长乐安家立业。铨居横岭，下传至申伯八十五世孙以达迁福州，以裁缝谋生。”

谢以达，即谢銮恩的父亲，是横岭村一位目不识丁的农民。清朝末年（具体时间已不可考，约嘉道年间），福建长乐横岭屡遭自然灾害，“春夏干旱，早晚稻收成无几，为饥馑所迫。”谢以达无奈之下，举家逃出世居的横岭，最终落脚福州府城。

在福州府城中，谢以达别无谋生手段，仅依凭不用资本的“三把刀”（剪刀、厨刀、剃刀）之剪刀学做裁缝，谋生度日。当时为人做衣很少现钱交易，经常要赊账。晚年的冰心回忆，按当地风俗，“做裁缝的是一年三节，即春节、端午节、中秋节，才可以到人家去要账。这一年的春节，曾祖父到人家要钱的时候，因为不认得字，被人家赖了账，他两手空空垂头丧气地回到家里，等米下锅的曾祖母听到这不幸的消息，沉默了一会，就含泪走了出去，半天没有进来。曾祖父出去看时，原来她已在墙角的树上自缢了！他连忙把她解救了下来，两人抱头大哭；这一对年轻的农民，在寒风中跪下对天立誓：将来如蒙天赐一个儿子，拼死拼活，也要让他读书识字，好替父亲记账、要账。但是从那以后我的曾祖母却一连生了四个女儿，第五胎才来了一个男的，还是难产。这个难得出生的男孩，就是我的祖父谢子修先生，乳名‘大德’的”。

谢銮恩（1834—1921），字子修。此照摄于1915年

谢子修，即谢銮恩，道光十四年（1834年）出生。谢氏夫妇自得了这个男孩之后，更加克勤克俭，含辛茹苦，供他上学。最终，谢銮恩不负众望，得中生员（即秀才），成为谢家第一个读书人。

谢銮恩曾任福建省兴文社社长（崇孔会会长），与林纾、严复、郭柏荫等人经常谈文论友，也算是一方贤儒。严复在1920年4月19日的日记曾记述：“谢子修故，87岁。”

谢銮恩毕生在福州光禄坊道南祠办学，广收闽县、闽清、侯官及邻里学生。他的得意门生有大名鼎鼎的萨镇冰、黄乃裳、李文彬等，著有《处世要诀》《游记诗钞》《栽种抒情》等，可惜今不存焉，不得观其才学全貌，但留存《道南祠花圃题咏》七绝十首，得窥一斑：

小小芳园辟草菜，课余便到此间来，栽培我亦时留意，应得花看次第开。

百样花原一样栽，栽花总愿见花开，花时先后随风

信，不羡唐花作术来。

晓日初升晚照斜，几经滋养渐生芽，删除枝叶培根柢，我手何能顷刻花。

花花相对叶相当，红紫青蓝白绿黄，或淡或浓佳入赏，皆为出色大文章。

管领群芳二十年，移栽此地亦前缘，莫教虚掷青春去，同乐春风得意天。

香夸上品艳重台，一样人家子弟培，还借东君多厚泽，莫将风雨乱相摧。

一春容易又来春，过眼春光旧复新，只恐及时花事误，年年勉作课花人。

群花香里读书声，听读看花耳目清，谁是心花能怒发，一枝彩笔与争荣。

周围编竹作篱笆，右有门通到我家，最爱嘻嘻小儿女，相携来看四时花。

报道花开并蒂莲，一堂笑语闹喧阗，果然预兆簪花瑞，每岁花间会绮筵。

谢銮恩生有四子：长子谢学廉（字葆琨，号耿如）、次子谢学清（字葆珪，号穆如）、三子谢学朗（字葆璋，号镜如）、四子谢学浚（字葆球，号哲如）。

其中，谢葆璋生于同治四年乙丑十二月四日（1865年1月21日），自幼便在父亲所设的道南祠书馆读书。1881年的一天，天津水师学堂总教习严复登门拜访。当时，严复正回福州招兵买马，组建海军。谢銮恩虽年长严复20岁，但二人实为忘年之交，往来频繁，书信不绝。

谢严二人正相谈甚欢，谢葆璋放学回家，见到严复来访，遂进前问候。严复见此年轻人身材颀长，眉清目秀，彬彬有礼，有书卷气却无羸弱之感，正是海军中不可或缺的人才，心想此青年大可投笔从戎，为国效力。他就在谢家大院中，出了一道诗题“月到中秋分外明”和一道八股的“破题”，让谢葆璋现场做题。谢葆璋不明就里，对答如流之后，敬候一旁。严复这才跟谢銮恩提起招录的想法。作为穷教书匠的谢銮恩膝下有四子，他想，能够有一个孩子去当兵领饷，为国尽忠，也是一件好事。在简单征求儿子意见并得到肯定答复之后，谢家便答应了这件事。

不久，谢葆璋就穿了一件用伯父们的两件长衫和半斤棉花缝制的棉袍，带着简单的行装，跟随严复来到天津，在紫竹林的水师学堂，考入第一届驾驶班，正式从军入营，当了一名海军驾驶生。

杨福慈（1871—1930）

光绪十年（1884年）10月，谢葆璋以天津水师学堂驾驶班第一名的成绩毕业，派登海军“威

远”舰实习。实习期满，进入北洋舰队服役。光绪十三年（1887年），清廷在英、德两国订购的“致远”“靖远”“经远”“来远”4艘巡洋舰竣工，直隶总督兼北洋大臣李鸿章派员出洋接带。谢葆璋随管带邱宝仁赴德国接带“来远”舰，翌年春顺利驶抵天津大沽，因接舰有功，获清廷奖赏，留在“来远”舰任职。

光绪十五年（1889年），谢葆璋升署右翼左营守备，充“来远”舰驾驶二副，署缺三年实授。翌年1月，谢葆璋回福州完婚，他的新婚妻子叫杨福慈。

杨福慈，生于同治九年（1870年）十月初五，卒于1930年1月7日，是闽学鼻祖杨时的第廿七代孙女、杨时第四子杨适之后，属连城县芷溪杨济（仕荣）一支。杨家世代簪缨，书香门第。

杨福慈的祖父杨际春（又名庆琛）乃嘉庆年间进士，钦点刑部山东主事，官刑部，光禄寺卿，集政治家、诗人、藏书家于一身，著有《降雪山房诗集》等，与林则徐是密友，互有书信往来。她的父亲杨维屏，举人出身，历任甘肃隆征、中卫县及直隶东鹿县知县。

杨福慈在9岁之前便能熟读“四书”“五经”，广猎古典名著，能诗能文。其父与谢銮恩在举杯对饮谈诗论文之时，就定下杨福慈和谢葆璋的婚约。杨福慈14岁时父母双亡，后随叔父杨维宝（颂岩）一家生活，同姐妹们一起读书。19岁依婚约嫁给谢葆璋为妻。这一段婚姻虽是由双方父母包办的，却也门当户对。婚后两口恩爱，其乐融融。

历史的篇章继续书写着，谢葆璋夫妇琴瑟和鸣，夫唱妇随，相知相守了10年，却仍无膝下承欢，一直到经历了两个儿子夭折的痛苦之后，才迎来了一名婴儿的出生。

第一章

出生闽地 暂居上海

（1900—1903）

20 世纪初，冰心出生于福州，但她对故乡长乐有着特殊的情感。在她很小的时候，父亲谢葆璋就将她接到上海居住。

假如我的祖父是一棵大树，他的第二代就是树枝，我们就都是枝上的密叶；叶落归根，而我们的根，是深深地扎在福建横岭乡的田地里的。我并不是“乌衣门第”出身，而是一个不识字、受欺凌的农民裁缝的后代。

冰心：《我的故乡》

1900年，是个动荡的年份，原本繁华的福州，也显得冷清了许多。10月5日（农历庚子年闰八月十二日）子夜，在城内侯官县乌石山天皇岭下一个僻静的院子里，难得迎来淡淡的喜气。

临近十五，如水的月光播撒在院子中央的大水池上，映衬出池边谢銮恩脸上挂着的一丝笑意和几分焦虑，他在等着一声啼哭从偏房传来。这是三子家媳妇正在临产。

此时的三子谢葆璋刚刚被萨镇冰起用为海军“海圻”舰帮带，正远航在外。他与杨福慈恩爱十年，却聚少离多，此前曾有过两胎，都是男婴，都因为是旧式接生而夭折了。这次是第三次怀胎，谢銮恩当机立断，请来福州教会的女医生用新式方法接生，帮助杨福慈渡过这个如鬼门关一般的生育关。

谢銮恩在院子水池边踱着方步，目光不时看向水池，想起夏天里盛开过三蒂的荷花。在他正兀自发愣的时候，一声清脆的啼哭传出来，打破了夜晚的宁静，一名女婴降生了。她就是日后享誉中国文坛、被称为“世纪老人”和“文坛祖母”的冰心。

这一年的谢家，除了冰心，还有另外两名女婴出生。后来有一天晚上，谢銮恩在一个同样纯净的月色中，跟小冰心说：“我们园里最初开三蒂的时候，正好我们大家庭里添了你们三个姊妹。”应了花瑞，老先生高兴啊，一直念念不忘。

更何况，婴儿时期的冰心是多么惹人怜爱！满月那天，杨福慈抱着她，穿着舅母杨子敬送的水红绸子的衣裳，戴着青缎沿边的大红帽子，走到厅堂前。围涌而来的姐妹妯娌，看着小冰心红润丰满的面庞、扑闪明亮的眸子，不由发出由衷的赞美，心生喜爱。

冰心出生后的第三天，谢銮恩便按照习俗，拿着生辰八字去找一位算命先生。算命先生掐指一算，却不禁叹息道：“这个女娃八字带着文昌星，可惜是个女孩子，否则准做翰林。”又说，这女娃五行缺火，后来取名的时候，同行的谢葆珪按谢家女孩子的排行为“婉”，加一“莹”字（“莹”旧作“瑩”），是为谢婉莹。

就这样，随着冰心的降生，这个谢家大院，迎来了一番难得的喜庆。长大后的冰心时常怀念起这个出生地——福州府侯官县一个叫隆普营的地方。但是，她同样难以忘怀的，还有谢家的祖籍地——长乐金峰横岭村。

据说，冰心终其一生，都未曾涉足长乐。说起长乐，于她而言，最初的记忆来自祖父谢銮恩的讲述：

> 我记得在我十一岁那年（一九一一年），从山东烟台回到福州的时候，在祖父的书架上，看到薄薄的一本套红印的家谱。第一位祖先是昌武公，以下是顺云公、以

冰心出生地福州隆普营（现名隆普巷）

达公，然后就是我的祖父。上面仿佛还讲我们谢家是从江西迁来的，是晋朝谢安的后裔。但是在一个清静的冬夜，祖父和我独对的时候，他忽然摸着我的头说："你是我们谢家第一个正式上学读书的女孩子，你一定要好好地读啊。"说到这里，他就源源本本地讲起了我们贫寒的家世！原来我的曾祖父以达公，是福建长乐县横岭乡的一个贫农，因为天灾，逃到了福州城里学做裁缝。

［《我的故乡》，《冰心全集》（第五册）］

这番讲述，对冰心的影响是根深蒂固的。"我并不是'乌衣门第'出身，而是一个不识字、受欺凌的农民裁缝的后代。"当她把这段历史告诉她的堂兄时，堂兄却不高兴，并且吩咐她不要告诉别人，这让冰心极为不满——这是"忘本"和"轻农"啊。从此以后，她就不再遵守谢家写籍贯的习惯，在任何表格上的籍贯，不再是祖父"进学"的地点"福建闽侯"，而是祖籍地"福建长乐"！谢家苦难史和奋斗史，使冰心在幼年时就对故乡有着特殊的情感。到了20世纪90年代，福州谢氏要成立"谢氏源流研究会"，冰心还告诫来访的堂弟谢为鉴："不要高攀什么'名人'！"

之后的印象，来自冰心的父亲。1911年冬天，谢葆璋从烟台返回福州，"横岭乡有几位父老，来邀我的父亲回去一趟。他们说横岭乡小，总是受人欺侮，如今族里出了一个军官，应该带几个兵勇回去夸耀夸耀。父亲恭敬地说，他可以回去祭祖，但是他没有兵，也不可能带兵去"。后来，谢葆璋只跟父老们到横岭乡去祭了祖。1920年，冰心在北京《晨报》写过一篇《还乡》的短篇小说，就是根据这段经历来讲述的。

无论是从祖父的谈话中，还是从父亲的描述里，冰心所得知

的长乐和长乐的乡亲都是“极其穷苦”的。

1986年，长乐横岭村准备修订谢氏族谱。6月4日，谢氏宗亲专程派人去北京请冰心先生作序。自有文字记载以来，凡族谱家谱只列男性，女性仅以符号化的形式记在夫家族谱家谱中。但此次横岭村的谢氏宗亲推翻旧例，不但率先将冰心这一名女性列入本姓族谱，还破例请她作序。冰心自言“光荣而又惭愧”，她说：“我自幼离乡，对于乡土乡人极少接触。但我认为族谱是承上启下的家族历史。对家史的注重和关怀，是爱祖国爱人民的起点！我祝愿谢氏男女子孙，继承我们农民祖先勤劳勇敢的劳作精神，加以发扬光大……为我族的繁荣昌盛，为祖国的飞跃振兴，而尽上自己的最大的力量！”

到了1990年的8月22日，当时的长乐县重修《长乐县志》，请冰心先生为之作序，她更是欣然提笔写道：

> 福建长乐县是我的父母之乡。我的曾祖父谢以达公就是从长乐县迁到福州去的。我虽然没有回去过，但我知道长乐地处东海之滨，和台湾隔海相望，和海外各地来往频繁，因而在文化、科技、经济各方面，历来都在突飞猛进，在我们过去的县志上，已经载下了许多我们的先人做出的、振奋鼓舞人心的事迹。我深信我的乡亲子弟们在我们国家的三个面向、四个现代化的号召下，会万众一心，凭借着我们长乐拥有的天时、地利，努力做出比先人更大的成绩和贡献，使得我们未来的县志上可以有更光彩、更振奋鼓舞人心的记述！

1994年，长乐县经过长期努力，成功获准撤县设市，冰心同样十分欣喜，她特地为此题词：

> 我们的长乐改县为市，是一桩大喜事！这是乡亲们

在精神和物质建设上极大努力的结果。我远居北京，未尽半分力量，真实惭愧！愿从此追随乡亲之后，努力做一个称职的长乐人。

冰心称自己是长乐人！

长乐的进步，她为之欣喜；长乐的困难，她也为之牵挂。

1990年秋天，长乐遭受特大洪水袭击，冰心得知消息之后，立刻将自己的1400元稿费寄到了长乐灾区。次年，冰心让女儿吴青回家乡探望，还捐来了3000元慰问金。1992年7月25日，当冰心听说家乡又遭受台风水灾，即通过福建省政府驻京办事处，向灾区捐款2500元。

冰心热爱长乐，更关心长乐的教育事业。1990年8月，冰心为长乐一中百年校庆题词："愿我故乡子弟为国家做出巨大的贡献！"1991年，为长乐侨中的同学题词："愿长乐侨中的同学们，专心地学习，痛快地游玩。"1992年11月，长乐县领导拜访冰心，他们记得在谈话中，"教育的话题占用了三分之二时间。冰心详细询问了长乐及横岭的教育情况，特别关心农村小孩是否能全部上学。她向我们讲述了她家那段文盲之苦，并语重心长地叮嘱我们要重视教育，关心教师。她说：'没有教育，什么建国大计，都是空话'，'有了好教师，才有好人才'。她还执意拿出刚寄来的2000元稿费要我们带回去，奖给家乡的优秀教师"。

1992年12月，冰心研究会成立，冰心的女儿吴青来到长乐，看到长乐横岭小学的校舍破旧，返京之后，跟冰心说起。冰心听后，难过地流下了眼泪，决定将她的稿费2万元捐出来。

1993年8月，冰心致信冰心研究会秘书长王炳根和福州市政府驻北京办事处主任张庆建，带回稿费2万元与她主编的"小博士丛书"一套，捐赠给横岭小学。她在信上说："我女儿吴青一

家，去年到福建，看到我的故乡横岭小学，校舍破损，课室内黑板桌椅等，都破旧不堪，我听了心里十分难过。兹将稿费所得2万元人民币请你们带回去，为横岭小学作修理校舍，添置课室设备之用。钱数很少，但愿能用到急需之处。”

冰心关心长乐教育的精神和行动，深深地感动了大家。长乐县委、县政府在长乐侨联酒店隆重举行了受款仪式，并在此后决定投资70多万元新建横岭小学。1997年8月，横岭小学竣工，冰心亲自为其题写校名，并让女儿吴青和女婿陈恕前往剪彩，表达她对祖籍长乐的深厚感情。

虽然在冰心记忆中，她从没有回到过长乐，更没有去过横岭，但2015年4月12日，她的小女儿吴青、女婿陈恕和外孙陈钢重返横岭村，偶遇83岁的谢长宝老人——他是冰心的表侄。当聊到冰心很遗憾未能回到长乐之时，谢长宝却说：“冰心回来过啊，只是她那时还小，应该不记得了。”

当时在场的除了横岭的几位谢氏宗亲、吴青三人，还有福州大学施晓宇教授，以及包括笔者在内的冰心文学馆几名随行人员。听到谢长宝很肯定的说法，大家都很好奇，这是怎么一回事？

据谢长宝说，他亲耳听过其父亲和村里长辈说，1903年清明节，谢銮恩带着儿子谢葆璋、孙女谢婉莹（冰心）回横岭村扫过墓。那时，因为冰心还不满3岁，走不了远路，乡亲们——包括谢长宝的父亲都亲眼看见，谢銮恩一路背着小孙女，走在横岭村崎岖不平的小路上山下山。那次回乡扫墓祭完祖之后，谢葆璋就去烟台赴任。谢长宝还强调：“1911年清明节，谢銮恩也回乡扫墓过。”那时，村里人只知道这个女孩是谢葆璋的女儿，许多年后才想起来那年回来的小女孩就是后来的大作家冰心。

这无疑是一段有趣的经历。笔者作为这一过程的亲历者，做了现场的口述录音。谢长宝老人言之凿凿，不似作伪或者牵强附会。只不过仅有口述，很难立刻下结论。但这一插曲，无疑将是冰心与长乐、与横岭之间一抹值得一说的亮色吧！

1901年5月，襁褓中的冰心转眼间已经7个月了，父亲谢葆璋却仍然还没见过这个可爱的婴儿。他时任重建后的北洋水师“海圻”巡洋舰帮带（副舰长），管带（舰长）正是同为福州老乡的中国近代著名海军将领萨镇冰。当时的上海是大港口，“海圻”舰每隔一段时间就会在此停泊。谢葆璋考虑到一家老小远在福州，照顾不便，就写信回家，说接杨福慈母女、谢銮恩及其续弦（冰心称她“老姨太”）一同到上海居住。

于是，在父亲谢葆璋的安排下，冰心在母亲杨福慈的怀抱中离开福州，第一次坐上轮船，移居上海，住进了城中昌寿里父亲找好的房子里。谢葆璋总算是见到了他的宝贝女儿，真是欢喜得不行，一有空就抱着小婉莹，用胡茬子轻轻地刺挠她，逗得她咯咯直笑。

一家人在上海团聚，冰心从此沐浴在温暖浓厚的亲情之中。有时候，祖父带着她到三山会馆参加福州同乡聚会，听着乡音，看着闽剧；有时候，父亲带着她去跑马厅看赛马，父女俩走街串巷，不亦快哉；有时候，冰心还跟着大人们到照相馆照相。

后来的冰心有关上海的记忆，便是以两张相片作为依据，其中一张相片就是在照相馆照的：照片正中是一个茶儿，上面摆着花盆、盖碗茶杯和水烟筒；她的祖父谢銮恩和老姨太坐在茶儿的两边，祖父穿着夏天的衣衫，手里拿着扇子，老姨太穿着阔边的上衣，下面是青纱裙子；小婉莹则坐在他们中间茶儿前面的一张小椅子上，头上梳着两个丫角，身上穿的是浅色衣裤，两手按在膝头，手腕和脚踝上都戴有银镯子。

另一张照片，则是父亲谢葆璋自己照的。谢葆璋思想开明，善于接受新鲜事物，更喜欢自己摆弄。冰心一直记得父亲经常背着医药箱那么大的照相机，给大家拍照，除了照相机，家里另有很多冲洗相片的器具，其中有一个玻璃的漏斗还被她私藏起来。这张父亲拍的照片也有冰心，她身上穿着一件深色的棉袍，头上戴着一顶青绒的帽子，怯生生地站在母亲旁边；年轻的母亲则穿着阔边的衣裤，坐在一张有床架和帐楣的床边上，脚下还摆着一个脚炉。

在上海的那两三年中，父亲其实是不得闲的，隔几个月才可以回来一次。冰心3岁时，在一个酷热的夏日，得了重病，高烧不退，全家上下慌作一团，而此时的父亲却远航去了。由于暑热难耐，母亲就在地上铺了凉席，怀抱着女儿在凉席上或坐或卧，消减暑气。但是，小婉莹不只是头烫如火，嘴里还尽说些不像是3岁女娃能说会说的胡话。母亲着实被吓到，生出莫名的恐惧，无奈之下还是给丈夫打了一份加急电报，说她在家里连着身体和灵魂都快支持不下去了，让丈夫无论如何要赶回来。不久，上海的天气突然风卷雨袭，带来难得的一阵清凉，身心俱疲的母女二

童年的冰心与祖父、老姨太1902年摄于上海

人在风雨中沉沉睡去。醒来之后，小婉莹退了高烧，算是在鬼门关口走回来了。病愈之后，小婉莹走到母亲的跟前，仰起小脸，问母亲："妈妈，你到底为什么爱我？"母亲放下针线，用面颊抵住女儿的前额，温柔地、不迟疑地说："不为什么，只因你是我的女儿！"不假思索的回答让冰心铭记在心，她在《寄小读者》中写道："从她口里说出来，何等刚决，何等无回旋！她爱我……不附带任何条件的，唯一的理由，就是我是她的女儿。"

父亲也回来了。小婉莹恼着他不在家的"恶行"，便缠着他，不让他轻易出门。其实，谢葆璋回到家来，很少在白天出去探亲访友，因为他的上司——"海圻"舰管带萨镇冰说不定什么时候就会派水手来叫他走。萨镇冰是谢葆璋在海军中最景仰的上级，谢葆璋总是亲昵地称他为"萨统"。有一回，来了一名水手，招呼谢葆璋外出。小婉莹拉着水手的手，让他别把父亲带走。水手便逗她，说："不行，不走要打屁股的！"她问："谁叫打？用什么打？"水手说："军官叫打就打，用绳子打，打起来就是'一打'，'一打'就是十二下。"小婉莹赶紧问："绳子打不疼吧？"水手用手指比画着，吓唬道："喝！你试试看，我们船上用的绳索粗着呢，浸透了水，打起来比棒子还疼呢！"小婉莹吓坏了，着急地问："父亲若不回去，萨统会打他吧？"水手摇头笑说："不会的，当官的顶多也就记一个过。萨统很少打人，你父亲也不打人，打起来也只打'半打'，还叫用干索子。"小婉莹又问："那就不疼了吧？"水手忍着笑，一本正经地说："那就好多了……"就在他们俩有一言没一语地搭话的时候，谢葆璋早已换好军装出来，一转身，出门去了。

居住在上海的日子就这么悠闲地过着，直到1903年。

第二章

垂髫之年 大海女儿

（1903—1911）

1903 年初，由于父亲的工作调动，冰心搬到她的“第二故乡”烟台居住。这里不但培养了她“海化”的性格和爱国主义思想，还给了她最初的文学启蒙。

大海呵！
　哪一颗星没有光？
　哪一朵花没有香？
　哪一次我的思潮里，
　　没有你波涛的清响？

——冰心：《繁星·一三一》

1902年12月，清廷海军练勇学堂改为海军练营，从旅顺口移至山东烟台的东山，用于训练水兵，拨充各舰艇服役。谢葆璋被任命为烟台海军练营管带（营长），独当一面。

次年初，因天津水师学堂在此前八国联军入侵中国时停办，北洋海军统领叶祖珪、北洋海军统带兼“海圻”舰管带萨镇冰等人，为延续人才之培训，决定在烟台海军练营内附设水师学堂，由谢葆璋兼任学堂监督（校长）。就这样，由3个福建老乡开创的海军学校，在烟台落地生根了。

谢葆璋（1866—1940），字镜如。这是他1903年任山东烟台水师练营营长时的照片

1903年初，冰心随父母迁至烟台，祖父和老姨太回到福州去了。从此，在烟台，冰心度过了长达8年的时光，度过了她幸福而多彩的童年生活。烟台的海与山、水兵与灯塔，给了冰心“海化”的性格和爱国主义思想的影响，也给了冰心最初的文学启蒙。冰心称烟台为“第二故乡”。

冰心一家到了烟台后，先住在市内的海军采办厅，所长叶茂蕃让出一间北屋给他们住，南屋是一排三间的客厅，就成了父亲会客和办公的地方。这个不起眼的客厅，成了冰心识字的起点。

当时，客厅里有一副对联：

此地有崇山峻岭茂林修竹

是能读三坟五典八索九丘

谢葆璋（二排中）与烟台海军学堂师生合影

一天，小婉莹跑来缠在父亲身边，说这问那。而父亲正忙于拟定筹建海军学校的方案，实在不胜其扰，就停下笔指着这副墙上的对联说："你也学着认认字好不好？你看那对子上的山、竹、三、五、八、九这几个字不都很容易认吗？"

于是，小冰心便也学着父亲的模样，拿起一支笔，坐在父亲的身旁一边学认字一边学写字。就这样，自小聪颖的她没几日，对联上的22个字都会念会写了。母亲见状，便想着如何教育她。细心的杨福慈根据自己过去识字的经验，动手做了许多写着字的小纸片，一点点地教女儿识字认词。慢慢地，女儿开始提"十万个为什么"了，母亲就给她讲一些民间故事，包括故乡的习俗、老家的传奇，来满足她的好奇心和求知欲。不仅如此，冰心3岁多的时候，堂哥谢为霖还开始教她认英语单词了。

没多久，谢葆璋一家又搬到烟台东山北坡上的一所海军医院寄居。同住的还有从福州搬来帮父亲做文书工作的舅舅杨子敬一家。他们寄居的这所医院是在陡坡上坐南朝北盖的，正房比较阴冷，但是从廊上东望就能看见大海。也是在这里，从看到大海的那一刻起，冰心的思想感情深处就深深地烙上了大海的模样。

一个夏天的黄昏，父亲带冰心到海边散步。走到沙滩边上，父女俩面海而坐。夕阳在他们身后慢慢落下，天边的红霞绚丽夺目，对面的海平面上好像有一抹浓云，其实那是芝罘岛。岛上的灯塔一闪一闪地发出强光。

父亲一反常态，只是默默地坐着，目视着海面。小冰心挨过去用头顶着他的手臂说："爹，你说这小岛上的灯塔不是很好看么？烟台海边就是美，不是吗？"这些都是父亲平时常说的话，她想以此来引出父亲的谈锋。

不料，父亲却摇头，深吸口气慨叹地说："中国北方海岸好看的港湾多的是，何止一个烟台，你没有去过就是了。"说话间，他用手拂弄着身旁的沙子，接着说："比如威海卫、大连湾、青岛，都是很美的……"

冰心有点兴奋起来，说："爹，你哪时也带我去看一看吧。"父亲站起身来，捡起一块卵石，扬起手，然后狠狠地向海浪上扔去，一面说："现在我不愿意去！你知道，那些港口现在都不是我们中国人的，威海卫是英国人的，大连是日本人的，青岛是德国人的，只有烟台是我们的，我们中国人自己的一个不冻港！"

小冰心有些被吓到了——她从来没有看见父亲愤激成这个样子。开明而儒雅的父亲对她总是一副温和的样子。然而，此时的谢葆璋似乎把冰心当成一个大人、一个平等谈话的对象，在这海天辽阔四顾无人的地方，倾吐出他心里郁积的话。

父亲说："为什么我们把海军学校建设在这海边偏僻的山窝

里？我们是被挤到这里来的呵。将来我们要夺回威海、大连、青岛，非有强大的海军不可。现在大家争的是海上霸权呵！”

他又谈到他参加过的中日甲午海战：开战的那一天，他身旁的战友（其实是他的堂侄）就被敌人的炮弹打穿了腹部，肠子都被打溅在烟囱上！炮火停歇以后，父亲把在烟囱上烤焦的肠子撕下来，放进这位战友的遗体的腔子里。

“这仇不报是不行的！”谢葆璋看着冰心说，“我在巡洋舰上的时候，常常到外国去访问。我觉得到哪里我都抬不起头来！你不到外国，不知道中国的可爱，离中国越远，就对她越亲。……”

这段长长的谈话，令冰心永生难忘。特别是“烟台是我们的”这一句，她记得最牢，印象最深。这“我们”二字，便是包括千千万万个中华之儿女！

这个宁静的海边，成了冰心小时候的“舞台”，她在台上唱着独角戏。她在《海恋》中写道：

> 有时在徘徊独白，有时在抱膝沉思。我张着惊奇探讨的眼睛，注视着一切。在清晨，我看见金盆似的朝日，从深黑色、浅灰色、鱼肚白色的云层里，忽然涌了上来；这时，太空轰鸣，浓金泼满了海面，染透了诸天。渐渐地，声音平静下去了，天边漾出一缕淡淡的白烟，看见桅顶了，看见船身了，又是哪里的海客，来拜访我们北山下小小的城市了。在黄昏，我看见银盘似的月亮，颤巍巍地捧出了水平，海面变成一道道一层层的，由浓墨而银灰，渐渐地漾成闪烁光明的一片。淡墨

> 色的渔帆，一翅连着一翅，慢慢地移了过去，船尾上闪着橘红色的灯光。……这时我的心就狂跳起来了，我的嘴里模拟着悍勇的呼号，两手紧握得出了热汗，身子紧张得从沙滩上站了起来……
>
> 我回忆中的景色：风晨，月夕，雪地，星空，像万花筒一般，瞬息千变；和这些景色相配合的我的幻想活动，也像一出出不同的戏剧，日夜不停地在上演着。但是每一出戏都是在同一的，以高山大海为背景的舞台上演出的。这个舞台，绝顶静寂，无边辽阔，我既是演员，又是剧作者。我虽然单身独自，我却感到无限的欢畅与自由。

何止是海边，海军的营房、水兵的旗台、军舰的码头……只要是父亲常去的地方，都留下了小婉莹奔跑的身影。有一张珍贵的照片，冰心穿着男生的长袍，和她的弟弟分立在桌子的两侧，一眼看去，分明就是个淘气的小男生。母亲还曾专门缝制了一套小水兵服，小婉莹穿了就舍不得换下来，总是穿着它跟在父亲身后，东跑西跑。想来，父亲要让女儿也像一个小水兵，保家卫国吧。

冰心在1942年发表的《我的童年》中写道："因着母亲的病弱，和家里的冷静，使得我整天跟在父亲的身边，参加了他的种种工作与活动，得到了连一般男子都得不到的经验。为一切方便起见，我总是男装，常着军服。父母叫我'阿哥'，弟弟们称呼我'哥哥'，弄得后来我自己也忘其所以了。"父亲少不得要办公，没办法总带着她，索性叫一两个下属跟着冰心，随她去"野"。"游踪所及，是旗台，炮台，海军码头，火药库，龙王庙。我的谈伴是修理枪炮的工人，看守火药库的残废兵士，水手，军官，他们多半是山东人，和蔼而质朴，他们告诉我许多海上新奇悲壮的故事。有时也遇见农夫和渔人，谈些山中海上的家常。那时除了我的母亲和父亲同事的太太们外，几乎轻易见不到一个女性。”

她还学会了骑马。海军学校里有两匹用来送信与文件的老白马与小黄马，老白马温顺，小黄马调皮。所以，每回与父亲一同骑马，小婉莹总是骑着老白马，父亲则骑在小黄马上，女儿在前，父亲断后。有一次，父女俩骑马穿过金钩寨，走在寨里的小街上时，忽然，从一家门里蹒跚地走出一个刚会走路的小娃娃。眼看着小娃娃脚步踉跄地一直闯到白马的肚子底下，吓得跟在后面的父亲赶忙跳下小黄马，跑上前来要拖他。不料，老白马从从容容地横着走向一边，给小娃娃让出路来。当父亲把这孩子抱起，交给他惊惶追出的母亲时，大家都松了一口气。后来，白马老死，小婉莹为它哭了好几场。

其实，小婉莹最喜欢去的地方，还是父亲的军舰。她经常身穿小水兵服，跟着父亲跑到军舰上，跟父亲的朋友们、军舰的水手们夸耀着自己也是船上的一员。每当这个时候，军舰上就热闹非凡，大家别提多喜欢这个小“开心果”了，把她团团围着，你一言我一语地搭话。有时候，小婉莹说得兴起，干脆爬上一张小桌子，给大家开讲《三国演义》。什么“破关兵三英战吕布”“袁绍盘河战公孙”“董太师大闹凤仪亭”，她讲来绘声绘色，细听却是胡言乱语，逗得大家哈哈大笑。

说起《三国演义》，冰心对它的了解，始于舅舅杨子敬。那时冰心一家与杨子敬一家同住。每天晚饭后，舅舅就给冰心及几个表兄妹讲一段《三国演义》，几个小伙伴们一听就入了迷。但是他每次只讲大约半个小时，就停下去干他的公事去了，大伙只好带着对于故事下文的无限好奇，在冰心母亲的催促下，依依不舍地上床。

于是，冰心决定自己来读《三国演义》。她仗着认过几个字，便抱起书来囫囵吞枣、一知半解地读了下去，居然越读越多，越看越懂。

当她读到关羽死了，就忍不住哭了一场，把书丢下不读了。第二天忍不住，又拿来继续读，读到诸葛亮也死了，又大哭了一场，再把书丢下不读了。如此反反复复，最后都忘了是什么时候才把全书读到分久必合的结局。

因为看了《三国演义》，冰心对章回体小说起了兴趣。她便找来《水浒传》《荡寇志》《精忠说岳》等小说。酷爱古典诗词的冰心，在晚年还能将岳飞的《满江红》从头背到底。

除了章回体小说，冰心还发现母亲针线笸箩里常放着的那几本《聊斋志异》，她也拿来读。因为聊斋故事是短篇的，可以随时拿起放下，又是文言的，无形中对冰心以后的作文课很有帮助。她曾仿照《聊斋志异》的体裁，用文言写了一部《梦草斋志异》，可惜因语言的重复，自己半途而废了。

作为中国文学明珠的《红楼梦》，冰心起初对它的兴趣并不大，贾宝玉的女声女气、林黛玉的哭哭啼啼都使少不更事的冰心厌烦。到了中年以后，再拿起这部书看时，才尝到“满纸荒唐言，一把辛酸泪”和一个朝代和家庭的兴亡盛衰的滋味。

既然小婉莹喜欢看书，父亲索性请来她的表舅父王夆逢，作为正式求学的私塾老师，给家里的小伙伴们授课。之前，母亲和舅舅都曾教过她，但那只是认字。这位王老师则要她读正式的课本，新旧都有，新的如商务印书馆的《国文教科书》《饮冰室自由书》等，旧的则有《论语》《左传》《诗经》《唐诗》等，还列举了《班昭女诫》，作为道德教育类的材料。这些功课显然要正统得多，使得冰心在儿时对“四书”“五经”也下了一番工夫，打下了蒙学根基。八九岁时，她还请求老师教作诗。王老师说，作诗要先学作对子，于是当场考试，出了三个字“鸡唱晓”。小婉莹几乎不假思索，对了三字：“鸟鸣春”。王老师大喜，以为她读过韩愈的《送孟东野序》，好好地夸赞了一番，让她不禁面红耳赤。原来，这其实是她从香烟盒上读来的：“以鸟鸣春，以雷鸣夏，以虫鸣秋，以风鸣冬”，觉得有

“说部丛书”是商务印书馆从20世纪初开始陆续出版的一套大型丛书。主要是西方的文学名著，其中又以林纾文言文翻译的小说为最。“说部丛书”从1903年开始到1924年结束，前后长达22年。而商务印书馆的“说部丛书”同时分为两种出版方式。第一种是十集本：第一集2种，第二至十集各为10种，总计92种。第二种是四集本：初集、二集、三集各100种，四集22种，总计322种；其中，初集100种完成于光绪末年（1908年），以后的三集均为民国时期出版。

趣，便记了下来，对对子的时候居然脱口而出。

冰心的文学启蒙，便是从这样的听故事开始，自觉地进入读故事当中，继而真正“读书”的。根据她的回忆，这个时期她所阅读到的文学作品，数量相当惊人。在中国的古典文学作品中，能数得上的便有《三国演义》《水浒传》《聊斋志异》《东周列国志》《西游记》《天雨花》《再生缘》《儿女英雄传》《说岳》《风双飞》《封神演义》《红楼梦》等。只这些说得上书名的中国古典文学作品，字数便以千万计。

至于外国文学，冰心在《我的文学生活》中写了这么一句话：“到了十一岁，我已看完了全部‘说部丛书’。”可以说，冰心在11岁之前看完全部“说部丛书”，无论是第一种十集本的版本，还是第二种的四集本中的初集，都说明她此时已经阅读了西方的文学名著达近百种！

冰心一生都在不断地读书，不断地学习，她永远感到读书是生命中最大的快乐。从读书中，“她还得到了做人处世的‘独立思考’的大道理，这都是从《修身》课本中所得不到的”。

因此，有一年的六一国际儿童节，有个儿童刊物要她给儿童写几句指导读书的话，她只写了9个字，就是：“读书好，多读书，读好书。”后来，她曾写作《谈读书》一文，发表于《散文世界》1989年第11期。只是，不知是笔误还是故意而为之，《谈读书》被改为《忆读书》，后来又被收入众多版本的语文课本中。

冰心故居
林覺民故居

第三章

又见故乡 柳州风骨

（1911—1913）

1911 年，冰心随父母回到她的出生地福州，与祖父母一大家子同住。其间她回归了女性角色，感受着浓浓的亲情，还短暂入学了一段时间。

清晓的江头，
　白雾濛濛；
　　是江南天气，
　　雨儿来了——
　　我只知道有蔚蓝的海，
　　却原来还有碧绿的江，
　　　这是我父母之乡！

——冰心：《繁星·一五六》

1911年9月，谢葆璋从烟台海军学校辞官，携家眷老小乘船离开烟台。此时的冰心已经多了3个弟弟，大弟谢为涵、二弟谢为杰、三弟谢为楫。他们在上海小住，准备返回福州。

就在此时，武昌起义爆发了，谢葆璋在天津水师学堂的同窗黎元洪被推举为湖北军政府都督。谢葆璋时时刻刻都在关心着时事变化，小冰心也跟着为革命运动和革命者的命运担忧。那时，上海各界纷纷捐款劳军，11岁的她把攒下的10块压岁大洋送到了《申报》报馆去捐献，还收到一张上款写有“幼女谢婉莹君”字样的收条。她感觉自己也为这样一次天翻地覆的革命献上了一份绵薄之力，于是很认真地珍藏着这张薄薄的收条。

入冬，冰心从上海乘船重返出生地福州。这是她自懂事以后第一次回到故乡。从大海边的烟台一路走来，从蔚蓝的海看到碧绿的江，福州于她似乎应该是全然陌生的地方，但是冰心却一点也不觉得。也许是早年在祖父身边的耳濡目染，也许是烟台福建会馆的雕梁画栋，又或许是一路行船中父母亲用乡音交谈时流露出来的喜悦，都让她对故乡有着油然而生的亲近。

轮船终于航行在闽江上，母亲抱着小弟掀开帘子，望着江边。父亲则让冰心和大弟、二弟一起站在甲板上，告诉他们这条闽江是孕育着福建儿女的母亲河。

冰心一家在闽江万寿桥旁的南台码头下了船。码头上，冰心的伯父堂兄们早已等了许久，看到他们下了船，立刻便围了上来，你一言我一语地用乡音和谢葆璋夫妇攀谈着。5岁的大弟弟谢为涵悄悄地用山东话问冰心：“他们怎么都会说福州话？”因为，从来在他们姐弟心里，福州话是最难懂难说的！

冰心故居

马上要见到作为一家之主的祖父谢銮恩了。冰心不由得回想起，在还乡的路上，父母亲一再叮嘱她：“回到福州住在大家庭里，不能再像野孩子似的了，一切都要小心。对长辈们不能没大没小的。祖父是一家之主，尤其要尊敬……”虽然她在孩提时候跟祖父生活了一段时间，可那时毕竟还小，现在想来是无论如何也回忆不起祖父的模样。

正胡思乱想着，冰心坐着的轿子已经来到城中南后街杨桥巷口万兴桶石店后面的一座院子门口。

他们没有回到冰心出生时租住过的隆普营，而是住到了这座大院。冰心对这个地方倒是十分熟悉，因为自从她会写字起，父母亲就时常督促她给祖父写信，信封也要自己写，地址就是“福州城内南后街杨桥巷口万兴桶石店后”。这座宅子是谢銮恩刚刚买下来不久的，原主人是“黄花岗七十二烈士”之一的林觉民一家。

大概10个月前，也就是1911年4月27日下午5时30分，革命党人黄兴率130余名敢死队员直扑两广总督署，发动了中国同盟会的第十次武装起义——广州黄花岗起义。当时尚在日本留学的福州老乡林觉民回国参加了起义，但因消息走漏，起义失败，连同他在内的86位勇士或战死或被俘遇害。在起义前，林觉民留下杨桥巷是“三坊七巷”中的一巷。所谓“三坊七巷”，起于晋，完善于唐五代，到明清时达到鼎盛，至今仍完整地保留着古老的坊巷格局，是中国都市仅存的一块“里坊制度活化石”。它以南后街为中轴，分为三个坊和七条巷，是为衣锦坊、文儒坊、光禄坊，杨桥巷、郎官巷、塔巷、黄巷、安民巷、宫巷、吉庇巷。

了千古绝唱《与妻书》。林觉民的岳父在广州做官，得知此次起义失败、林觉民赴死之后，派人连夜快马加鞭赶回福州报信。林家在悲痛之余，为避株连，便将房子变卖，躲进外围偏僻的早题巷中。当时，买下这座院子的正是谢銮恩。

谢銮恩在院内的大厅上端坐着，众多叔伯堂亲们分立两侧。冰心和弟弟们在父母亲的引导下，向长辈们一一问安，跟同辈们相互见礼。这是个大家庭，除了谢葆璋一家之外，还有冰心的两个伯父和一个叔父3家，单单堂哥、堂姐、堂弟、堂妹的同辈便是一大群，一下子都没法把名字认全。

要住得下这么多人，这自然是一座大宅。冰心曾回忆：“我们这所房子，有好几个院子，但它不像北方的‘四合院’的院子，只是在一排或一进屋子的前面，有一个长方形的‘天井’，每个‘天井’里都有一口井，这几乎是福州房子的特点。这所大房里，除了住人的以

外，就是客室和书房。几乎所有的厅堂和客室、书房的柱子上墙壁上都贴着或挂着书画。”

院中，让冰心颇为惊喜的便是几乎满墙的字画了。不过，她更喜欢的是院中的对联。如，东院厅堂的楹联“海阔天高气象，风光月霁襟怀”，西院客室楼上祖父亲书的“知足知不足，有为有弗为”。还有，在西院紫藤书屋的过道里冰心的外叔祖父杨维宝送给谢銮恩的一副对联：“有子才如不羁马，知君身是后凋松。”

就这样，谢葆璋这一家六口在这座大院里住了下来，跟谢銮恩分别住在大厅两侧。住了几天下来，冰心和弟弟们就跟一班堂兄弟姐妹们打成一片。这是她有生以来第一次和姊妹们接触。连着中表亲来算，得有十来个女孩子。尤其3个年纪相仿的堂姐婉珠、婉榕、婉聪，对冰心特别亲昵友好，天天围着她转，告诉她很多新鲜事。但是她们都遵守着旧时候女孩子的规矩，比如缠脚、扎耳朵眼等等。这下子，曾被当男孩子来看待的冰心成了伯母叔婶们轮番劝说的对象。

冰心的母亲杨福慈也只好附和妯娌的意见，要给冰心扎耳朵眼、戴耳环了。好在父亲“支着”，说她“左耳唇后面，有颗聪明痣，把这颗聪明痣扎穿了，孩子就笨了”。有了父亲的袒护，她总算逃过扎耳朵眼的一劫。只不过，从小男装、小名叫“伊哥”的冰心，这回恢复了女儿的装束，叫回“婉莹”的本名；她再不是烟台海边的“野孩子”，而要做一个“书香门第”的大家闺秀了。

小孩子终是小孩子，在这一众伯婶的七嘴八舌和一群姐妹的七手八脚之下，小婉莹对这调脂弄粉、添香焚麝的生活，也起了惊异，入了沉迷。后来，她还爱上绣花，在那一方扎好绷紧的白布上，用五彩的丝线，绣出花鸟鱼虫来，明艳的，淡雅的，清秀的，无不令她爱不释手。女性角色的回归，对冰心来说极其重要，后来她说：“我也不能不感谢这个转变！十岁以前的训练，若再继续下去，我就很容易变成一个男性的女人，心理也许就不会健全。因着这个转变，我才渐渐地从父亲身边走到母亲的怀里，而开始我的少女时期了。”

只有祖父谢銮恩倒还是总叫她“莹官”，和她的堂兄们霖官、仪官等一样，被当作男孩叫的。由是观之，祖父对冰心的疼爱是显而易见的。

冰心刚回福州不久，就是旧历新年。从祭灶那天起，一大家子就都忙活起来。最先，是叠“元宝”，用金银纸箔叠成元宝的样子，然后用绳子穿成一串一串的，准备在供神祭祖的时候烧。然后，大人们就忙着扫房，用很长的掸子将屋角的蛛网和尘土都扫除干净。接着，他们又擦亮家里一切铜器，如蜡台、香炉，以及柜子箱子上的铜锁等。最后，就要在大门上贴上崭新的鲜红的春联，谢銮恩则用红纸在书桌旁边贴上“元旦开笔，新春大吉”等等的吉利话。年关越来越近，大人们就越来越忙，蒸年糕，杀鸡鸭，购年货，忙着准备各种食物，准备着全家的新衣等等。十来个大大小小的兄弟姐妹也早就欢脱开了，各自穿上新衣服，放花炮，拜年，拿压岁钱。因为大家庭里兄弟姐妹多，祖父给的红纸包里，其实只是一两角的新银币。但因为家里的长辈也多，加上各人外婆家给的压岁钱，往往每个小孩子到手都能有好几元。

过年之后，福州的元宵节又是一个格外喜庆的节日。谢家居住在南后街，是榕城灯市最集中的地方。元宵节还没到来，就已是“花市灯如昼”了，灯月交辉，街上的人流彻夜不绝。依着福州的风俗，元宵节里小孩子玩的灯，都是外婆家送的。福州方言中，“灯”与“丁”同音，送灯就是“添丁”，讨个吉利，博个彩头。因此，外婆家送给冰心姐弟4人的其实是5盏灯，寓意再添子弟。3个弟弟都比冰心小得多，到手的灯没多久就给当姐姐的忽悠走了。她除了在墙上挂着“三英战吕布”的走马灯，还一手提着一盏眼睛能动的金鱼灯，一手拉着会在地上走的兔儿灯，在院子里走来窜去，觉得自己神气得很。

最热闹的还是上街去看花灯了。满街的花灯，有龙凤灯、鸟兽灯……各种各样的花灯中最好看的算是画着戏文故事的走马灯：八仙过海、王母蟠桃、红楼西厢、三国人物、西游记、水浒传等故事应有尽有。在大户人家的门前还有鳌山、彩棚等明亮绚丽的灯景。榕城的元宵之夜，给冰心留下了毕生难忘的印象。

1982年，冰心在《我的父母之乡》中深情地回忆起：“以后的一年多的时间里，我们就过起了福州城市的生活。新年、元宵、端午、中秋……岁时节日，吃的玩的都十分丰富而有趣。特别是灯节，那时我们家就在南后街，那里是灯市的街，元宵前后，‘花市灯如昼’，灯彩下人流潮涌，那光明绚丽的情景就说不尽了。”

谢葆璋回到福州的消息，不久传到祖籍地——长乐横岭。有一天，祖父很高兴，热情地接待了几个来自家乡的客人，并吩咐婉莹：“莹官，去叫你爹出来！”

一会儿，她就跟在父亲后面来到厅堂。父亲拜见父老后，横岭来的乡亲对祖父和父亲说："我们横岭乡小，现在只有三十四户。人少势微，附近大多是大乡大姓，总是欺负我们，田地被外乡占去不少，稻刚熟，就被人家抢割去，到官府打过几回官司，可从来没赢过。田地、粮草没要回来，还赔了打官司的钱。如今族里出了个大军官，应该带几个兵勇回去，让他们看看。"说完，都把恳切的目光聚焦到谢葆璋的身上。

谢葆璋面有难色，祖父说："横岭你还没回去过，应该回去拜拜祖先，瞻仰我们谢家的宗祠，顺便也要到岭上看看曾祖父的坟茔。"

谢葆璋向父老们表示："回乡祭祖，这是我的本分。但是我此番辞职回家，算不上荣归故里。你们要我带兵回去，这可做不到。我手上没有兵，也不能带兵回去。"

父老们也很通情达理，尽管有些失望，但谢葆璋既然答应回去，对他们也是一种鼓舞。按他们的想法，谢葆璋是个比县太爷还要大的官，能回去，足以光宗耀祖，可以提升乡风，让那些大姓外乡不敢欺侮，于是就定好了去横岭的日子。

父亲从横岭回来后，对祖父叙述了回乡的情景，婉莹也在旁边静听："我回去那天，离横岭还有好几里路，就碰见出来迎接的族人，他们一路上敲锣打鼓放鞭炮，十分隆重。第二天到祠堂祭祖。族长还给我一包见面礼，用红纸包着的一百个银角子。我看见乡亲是那样穷，就退还给他们。族人还特地请了戏班子来唱戏，连唱三天三夜，乡亲们太热情了。鹏谢村也来人，也要我去玩两天，我只好推辞了。我看到他们生活很苦，连妇女儿童也一年到头在田园里忙碌着……"

祖父谢銮恩是谢家第一位读书人，冰心则是谢家第一个正式上学读书的女孩子。祖父曾手书一幅字“为善最乐，读书便佳”，送给冰心，并对她说：“莹哥啊，这几个字是依公送给你的座右铭。”

1912年，在家人的鼓励下，冰心以第一名的成绩考上了福州女子师范学校预科。辛亥革命之后，新学渐兴，福州原有的女子职业学堂改为福州女子师范学校，当时的校长便是黄花岗七十二烈士之一的方声洞的姐姐方君瑛。

福州女子师范学校预科设在三坊七巷外花巷一所很大的院内，与冰心家有一段距离。她在山东烟台读书时，都是在自己的家里，而现在到学校去读书，要经过三坊七巷中的宫巷，穿过南街和南后街，然后从花巷走进学校。冰心第一次过学校生活，刚开始的几天很不习惯，还偷偷地流过几次眼泪，但她从来没有对任何人说过，怕大家庭里那些本来就不赞成女孩子上学的长辈们，会出来劝她放弃读书。

学校的环境优美，里头有一汪很大的池塘，一道石桥横贯其上，连接起两处亭馆。冰心读书的教室旁边，还有一口小池子，池边种着绿树、芭蕉，既有童趣又有诗意。这所学校是民国后办起来的新学，教学正规，学科较多，国文、数学、自然知识等都有，还有体育课。国文老师是林步瀛。在冰心快离开女师的时候，还来了一位教体操的日本女教师，姓石井。冰心对所有的老师都十分尊敬和喜爱，对学习各门功课都充满了兴趣，所以很快也就适应了学校的生活。

由于冰心此前已在烟台上过家塾，平常又喜欢读书，也用诗句做过对子，更尝试写过章回体侠义小说，所以，她上学的起点就显得比较高，人又乖巧，很受老师喜爱。尤其是国文老师林步瀛对冰心极为欣赏，曾在她的作文上批写“雷霆震睿，冰雪聪明”“柳州风骨，长吉清才”来赞赏冰心。

在学校里，冰心认识了很多人，也结交了许多要好的同学。直到晚年，她还能依着老师上课点名的次序，背诵出十几个同学的名字。

不过，冰心在这所学校只读了3个学期。1913年春，中华民国海军部的一纸电报，将父亲谢葆璋召到了北京任职。初秋，冰心和她的弟弟们便跟随母亲，在舅舅的护送下，离了福州，迁居北京。

YENCHING
UNIVERSITY

第四章

五四运动 震上文坛

（1913—1923）

1913年，冰心一家搬迁到北京。她在这里读完中学，升入大学，在五四运动中不经意间崭露头角，以热烈的爱国思想和出色的文笔成为文坛新星。

"五四"运动的一声惊雷把我"震"上了写作的道路……

——冰心：从《"五四"到"四五"》

1913年的北京，袁世凯当权。正是这位当时的临时大总统，从当年4月7日任命谢葆璋为海军总司令处二等参谋开始，7月16日授海军上校，8月20日授海军少将，10月10日任命海军部军学司司长，11月26日授“六等嘉禾章”。不到一年的光景，谢葆璋如坐火箭般，成为海军部中的翘楚。

初秋的一天，冰心从山清水秀的福州来到满目灰黄的北京。北京东城铁狮子胡同中剪子巷14号（现为张自忠路中剪子巷33号），便是父亲安排的住所、晚年冰心笔下“灵魂深处永久的家”。

这里是一个不大的门面，典型的北京中等人家的住宅。大门左边的门框上，挂着黑底金字的“齐宅”牌子，因为是租住的。他们的住所是进门往左穿过外院从朝南的四扇门走进去之后的一

冰心一家在北京的住所

个三合院。北房3间，外面有廊子，东西厢房各3间，东厢房作了客厅和父亲的书房，西厢房成了舅舅的居室和孩子们读书的地方，他们住的是北房。一住16年。

初到北京，对于冰心来说，是陌生而乏味的。父亲忙于事务，身边没了福州的那些姐妹玩伴，弟弟们又只是小跟班，她便“成了母亲的女儿”。她不但学会了替母亲梳头打理，也分担了一些家务，学些针黹，晚上帮着给弟弟们温习功课，末了还要做些游戏讲些故事，俨然是位小先生了。好在，她也常看母亲订阅的各种杂志，如商务印书馆出版的《妇女杂志》《小说月报》和《东方杂志》等，也算是没有虚度光阴。闲居半年下来，冰心舌灿兰花般给弟弟们讲过300多段自圆其说的故事，写过几篇从无结局的文言长篇小说，能记得篇名的有《女侦探》《自由花》等。

在一个夏天的晚上，百无聊赖的冰心忍不住向舅舅杨子敬提出要上学。他们找来找去，找到了离他们家最近的东城灯市口公理会的贝满女子中学，这是所教会学校。开明的谢葆璋说：“教会学校的教学是认真的，英文的口语也纯正，你去上学也好。”

就这样，1914年的秋天，冰心入了“贝满中斋”。

求学之路并非一帆风顺，反而“很苦”。后来的冰心曾回忆说：“第一是我初小是在山东乡下上的，程度遂不及贝满，刚一来便感到应付的为难，尤其是算学一科，分数很低的。第二年才补上，以后才有很好的成绩。第二个原因是我口音的关系，才从山东来，国语一点也不会说，开口感到困难，一切练习口才的集会便不敢参加。第三是《圣经》不熟，我是生活在非基督教家庭的，对于《圣经》没有丝毫根底。”更让她哭笑不得的是，因为

冰心的口音带着山东腔，回答问题只能到讲台上将答案写在黑板上，同学们还赐了她一个外号“侉子”。

要强的冰心，下了苦功。算学不好？补课。每天回家以后，经常用功直到半夜。口音重，胆子小，怎么办？练！学着京腔，借着学校每周三“文学会”的机会，大着胆子上台演讲。《圣经》没看过，那就简单了，就是花时间读，不论《新约》《旧约》，拿来就看。到了1915年的暑期，不仅算学跟了上来，其他课目，连圣经、英文的分数几乎都不在95分以下，作文甚至得过120分。

贝满中斋的4年（那时的中学是四年制）紧张而规律地过去了。1918年的夏天，冰心以第一名的成绩毕业，还按照学校的传统，编写了“辞师别友”的歌词，在毕业会上做了“辞师别友”的演说。随后，她升入了协和女子大学预科。

在协和女子大学的第一年，冰心选的是理预科，目的是将来成为一名医生。理由单纯而直接，因为母亲。冰心说：“我是从入了正式的学校起，就选了医生这个职业，主要的原因是我的母亲体弱多病，我和医生接触得较多，医生来了，我在庭前阶下迎接，进屋来我就递茶倒水，伺候他洗手，仔细地看他诊脉，看他开方。后来请到了西医，我就更感兴趣了，他用的体温表、听诊器、血压计，我虽然不敢去碰，但还是向熟悉的医生请教这些器械的构造和用途。我觉得这些器械是很科学的，而我的母亲偏偏对听胸听背等诊病方法很不习惯，那时的女医生又极少，我就决定长大了要学医，好为我母亲看病。”冰心的父亲也鼓励她说：“‘东亚病夫’的中国，是很需要良医的，你就学医吧！”

但是，五四运动改变了她的人生轨迹。

1919年5月4日下午，北京高校3000多名学生代表冲破军警阻挠，云集天安门，打出“誓死力争，还我青岛”“收回山东权利”“拒绝在巴黎和约上签字”“废除二十一条”“抵制日货”“宁肯玉碎，勿为瓦全”“外争主权，内除国贼”等口号，并要求惩办交通总长曹汝霖、币制局总裁陆宗舆、驻日公使章宗祥等。

就在五四运动的前几天，冰心的二弟得了猩红热，在东交民巷的德国医院动了耳部手术。5月4日当天，她正好陪在医院照顾弟弟。那天下午，家里女工来送换洗的衣服，便说起学生运动的情形。女工告诉冰心，街上有好几百个学生，打着白旗游行，嘴里喊着口号，路旁看的人挤得水泄不通。到了黄昏的时候，又有一个亲戚过来看望他们，兴奋地说起北京的大学生们为了阻止北洋军阀政府签订出卖青岛的条约，聚集游行的队伍，在街上高呼口号散发传单，最后涌到卖国贼章宗祥的住处，火烧了赵家楼，还有许多学生当场被捕了。冰心听后，又是兴奋又是愤慨，在亲戚走了之后，她的心还在激昂地跳。甚至看着那天窗外刮着的大风，飘来槐花的浓香也熏得她头痛！

这一夜，冰心彻夜未眠。第二天一早就同二弟从医院回家去了，到学校销假。到了学校，冰心去了学生自治会，看到大家都站在院里激昂地面红耳赤地谈话，她也投入了紧张的工作。因为冰心的文笔好，就被选为学生会的文书，并成为北京女学界联合会宣传股的成员。

说起北京协和女子大学的学生会，还是北京女学界联合会扑满是一种用来存钱的瓦器，像没口的小酒坛，上面有一个细长的孔。钱币放进去之后，要打破扑满才能取出来。

之一员。出席北京女学界联合会和北京学生联合会运动的，多是些高年级的同学。冰心当时是低年级学生，便参加文字宣传，鼓动罢课、罢市和对市民宣传等活动。虽然，协和女子大学是个教会学校，主张“专心听道”“安心读书”，但是在这场空前的声势浩大的爱国运动面前，个人的循规蹈矩便显得微不足道了。

冰心同其他学生坚持罢课游行，罢课宣传。为了抵制日货，还旷课制造些日用品，绣些手绢等来卖，连一向修道院似的校园，也成了女学界联合会代表们开会的场所了。每一位学生都兴奋紧张，一听到有什么紧急消息，就纷纷丢下书本涌出课堂，三五成群地挥舞着旗帜，在街头宣传，沿门沿户地进入商店，对着怀疑而又热情的脸，讲着人民必须一致起来，反对日本帝国主义的侵略压迫，反对军阀政府的卖国行为的道理。又或者，她们三三两两抱着大扑满，在大风扬尘

之中，在黯旧的天安门前，拦住过往的洋车，请求大家捐助几个铜子，帮助援救慰问那些被捕的爱国学生。除此之外，她们大队大队地去参加北京法庭对于被捕学生的审问，并开始用白话文写着各种反帝反封建的文章，在各种报刊上发表。

7月28日，北京当地警察开始逮捕学生，蓄意报复，并想借此立威，刑一儆百。8月8日，地方检察厅以“轻微伤害及私擅监禁”的罪名向被捕的11名学生提起公诉。8月21日上午10时，北大学生案在地方法院正式开庭，公开审理。义务为鲁士毅等11名学生做辩护的是著名法学家刘崇佑律师。当时整个法庭座无虚席，冰心以北京女学界联合会宣传股成员的身份，前后历时8小时，全程旁听了审判过程。

刘崇佑律师在法庭上慷慨陈词，动情地阐述学生们出于爱国义愤的举动，根据法律，当无罪尔！法庭上下无不感动，甚至掌声如雷。最终，经过刘律师出色的抗辩，并在社会舆论无形的压力之下，地方法院在判决时，不得不做出相当大的让步。所有11名被控学生，只是被不同程度轻判缓刑，事实上即是当庭释放。这是一场正义的胜利！

从法院回来，学生自治会鼓励参加旁听的学生，将审判的经过写成文章，寻求发表，以扩大影响。冰心也想将一腔激愤先吐为快。当晚，她便奋笔疾书，写下了《二十一日听审的感想》。

文章倒是写好了，可是怎么发表呢？那时的冰心也只是北京协和女子大学的学生，每天往返于家庭和学校之间，过着简单的生活。思来想去，她想起家里有一份北京的《晨报》，是表兄刘放园赠阅的。刘放园是母亲的表侄，比冰心大了将近20岁，虽是表兄，其实更像是长辈。冰心记得《晨报》上刊登的言论比较开明，对学生运动是支持的态度，而这位表兄似乎就是在《晨报》工作。

冰心鼓起勇气，给表兄刘放园打电话。听了电话，刘放园兴许有些吃惊，仿佛这个平日里温顺乖巧的小妹一下子长大了。于是，冰心的这篇《二十一日听审的感想》不久便出现在刘放园的案头上，更是在8月25日这一天，出现在了《晨报》的自由论坛栏目上，署名女学生谢婉莹。这是冰心正式发表的第一篇文章，从此，冰心的文学之路便一发而不可收。

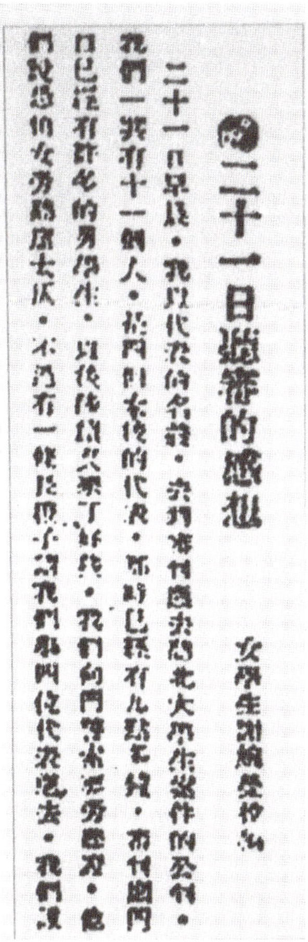
二十一日聽審的感想
女學生謝婉瑩投稿

《二十一日听审的感想》

正是五四运动的一声惊雷，将冰心“震”上了写作的道路。在这场轰轰烈烈的学生爱国运动中，冰心是一位亲历者。正如巴金曾说的，冰心是五四文学运动最后一位元老，他自己只是这运动的一个产儿。

《二十一日听审的感想》在《晨报》上发表之后，刘放园发现冰心的文笔相当出色，当知道第一篇文章居然是一夜写就的时候，更是惊讶。于是，他便鼓励冰心多练多写，有了好文章，再帮她发表。与此同时，刘放园还不断地寄来《新潮》《新青年》《改造》等杂志给冰心。

在阅读中，冰心获取了大量新鲜的

小說
兩個家庭（續） 冰心女士

《两个家庭》

文学资讯，知道了杜威和罗素，也知道了托尔斯泰和泰戈尔，也懂得了用白话文写作小说的形式……在冰心心中，打小种下的文学的种子，在慢慢发芽成长。经过一些时间的构思和酝酿，冰心写出第一篇白话小说《两个家庭》，描写了两个家庭由于教育与文化背景的不同，走上了两条不同的生活道路。同样，小说写就之后，便送到了刘放园的案头上。而且，第一次用了“冰心”这个笔名。

冰心之前发表的几篇文章，署名都是女学生谢婉莹，只是这次写的是小说，她倒有些胆怯，不好意思拿出来。想想别人写小说，常用的是笔名，干脆自己也取个笔名。她先想到的是“珠瑛”这个名字——这是小时候姑妈怕她像两个哥哥一样夭折，特地到福州乌石山上的吕祖庙许愿，拜在吕祖（吕洞宾）门下抽的名字。但转念一想，这个名字一来太女气了，二来又跟封建迷信联系在一起。不妥。

最终，她想到了“冰心”这个名字。一来是因为冰心两字，笔画简单好写，而且是本名谢婉莹“莹”字的含义；二来是她太胆小，怕人家笑话批评，冰心这两个字，是新的，人家看到的时候，不会想到这两字和谢婉莹有什么关系。

稿子寄出后，心头小鹿乱撞似的冰心连询问的勇气都没有。但是，3天之后，《两个家庭》赫然出现在9月18日《晨报》的第七版上，并且连载3天，只是署名处被加了“女士”二字，是为“冰心女士”。

《两个家庭》发表之后，刘放园又竭力鼓励冰心再练再写再发表。冰心受到了空前的鼓励，心里也是说不出的欢喜。她抱着满腔的热情，白天上街宣传，募捐，开会，夜里就笔不停挥地写小说，因为很多桥段都是细心的冰心日常观察到记下来的，所以提起笔来便才思如泉涌，行龙走马，下笔有神，每周都有新作品问世。

冰心所写的小说，都反映了自己周围社会生活中的问题，因此被日后的评论称为“问题小说”。比如《斯人独憔悴》写的是被顽固的父亲所禁锢、不能参加学生运动的青年的苦恼；《秋雨秋风愁煞人》写的是一个有志于服务社会的女青年，中学一毕业，就被迫和一个富家子弟结了婚，过起了“少奶奶”的生活，从而断送了她的一生；《庄鸿的姊姊》写的是一个女孩子，因为家长当公务员，每月只能从“穷困”的政府那里拿到半薪，又因为这个家庭重男轻女，她就被迫停学，抑郁致死。在这些小说里，冰心给予他们的都是灰色的阴暗的结局，问题中的主人翁，个个是消沉了下去，憔悴了下去，抑郁了下去，没有给他们一线光明的希望。然而，这也只是冰心作为作者给社会提出一个个现实的问题，那时的她，在试图通过自己的思考，给出自己的答案。

这就是“母爱”。

1921年4月的上海，《小说月报》第12卷第4号刊登了冰心的一篇小说《超人》。主人公何彬是一个冷心肠的青年，不与人交

际，亦不爱带一点生气的东西。这源于他消极的人生态度，消极得固执，固执地认为世界是虚空的，人生是无意识的，爱和怜悯都是恶德。一切不过是场戏，到处充斥着阴暗、黯淡、虚伪。这个原本信奉尼采的超人哲学的青年，最终为禄儿的行为所感动，在“母爱”和童心的夹击下，转而虔信“世界上的母亲和母亲都是好朋友，世界上的儿子和儿子也都是好朋友，都是互相牵连，不是互相遗弃的”。

《超人》在《小说月报》刊登之时，编辑茅盾（沈雁冰）以“冬芬”为笔名在小说篇末加了一个附注：“雁冰把这篇小说给我看，我不禁哭了起来！谁能看了何彬的信不哭？如果有不哭的啊，他不是‘超人’，他是不懂得吧！冬芬附注。”

小说发表之后，在文坛引起了轰动，更是赢得了许多年轻人的眼泪，在引发别人模仿的同时，也收获了种种不同的评论。

洪瑞钊在《中国新兴的象征主义文学》一文中认为《超人》在“思想和艺术上都是最好的”，可以“追步世界文学的后尘”。

评论家潘垂统则说：“《超人》是一篇成功的著作……最能救近来一般青年的堕落。著者正面极力写何彬的觉悟，但他心血的焦点在叫喊背面的一般悲悯的青年……青年们热烈的希望，被社会恶浊的势力打倒，发生种种悲观的念头：世界是空虚的，人生是梦幻的，从此走错了前进的正道，意志强固的，自杀以解脱痛苦；意志薄弱的，天天囚在愁城里过烦闷的生活！而近年来青年的犯这现象者，更似流行病一般。这是何等不幸，何等悲伤！但是徒然烦闷苦恼，想坐待光明的世界实现，这岂不是呆笨到十分么?……《超人》是救我们青年的上帝啊！”

剑三（王统照）这样写道：“《超人》可谓成功的作品，此篇的思想，看去似乎单纯，然实是包含尽了现代青年烦闷的问题，至于轻灵的描写，与带有诗意的句子，艺术上的美丽也是读之令人怡悦的。”

除了赞赏，也有批评，如枝荣的《批评“超人”》认为：“《超人》是示人们以世界虽或空虚和无意识，但有花，和光，和爱。——侧重爱，更重母爱……这样的母爱，断不足令世界充实和有意识。”

成仿吾对上述评论皆不认同：“《超人》是冰心整个思想的最高的表现。他认为从否定→爱的实现→肯定，各部分的表现功夫还没有做到，作者的观察不仅没有深入，反有被客观的现象蒙蔽了的样子。”

无论怎样，《超人》的发表让冰心名声大振，其中将“母爱”作为救治灵魂的一剂良方，在此之前没有出现过，此后也鲜有人表现得比冰心更好。想来，这也是冰心“爱的哲学”之发端吧。

时间来到1922年的元旦。这一天的《晨报副镌》（后改名为《晨报副刊》），在《新文艺》的栏目里，出现了这么一段署名冰心的文字：

繁星闪烁着——
　　深蓝的太空，
　何曾听得见它们对语？
沉默中，
　微光里，
它们深深的互相颂赞了。

由此开始了《繁星》小诗的连载。

只是，为什么没有刊登在诗歌的栏目里呢?

五四运动之后，各种新型的报刊多如雨后春笋，里面不但有许多白话写的小说、新诗、散文等，还有一些外国文学的介绍，包括文学评论之类的。冰心正值求知欲最旺盛的时候，在课外贪婪地阅读这些书报刊物，遇有什么自己特别喜欢的句子，就三言两语歪歪斜斜地抄在笔记本的眉批上；甚至有时候，还把自己随时随地的感想和回忆，也都拉杂地写了上去。日子久了，写下来的东西也多了，尽管大部分就大抵不过三五行，但因是身边的人或事或思想或杂感，自己看了觉得很亲切很真实，便舍不得丢掉。

后来，冰心偶然在一本杂志上，看到郑振铎译的泰戈尔《飞鸟集》（当时初译为《迷途之鸟》），受了启迪，便把笔记本眉批上的那些三言两语做了一番整理，挑选那些更有诗意的、更含蓄一些的，放在一起，抄了起来。因为第一首的开头便是“繁星”两个字，就在封面上随手写了，名之为《繁星》。

话说，这天《晨报副刊》的编辑来冰心家索稿。冰心因为临近期末，除了必修课之外，还选修了社会学、心理学的课程，很是忙碌；再加上《燕大季刊》《小说月报》《时事新报·学灯》等其他报刊也经常来约稿，她的文章基本上随写随发，一时之间也没有什么存稿。但她又不好意思拒绝人家，正在犯难的时候，偶然间想起手头上还有这些收集的“零碎的思想”。冰心便取来抄好的《繁星》给编辑，有点不好意思地问：“你看，这能不能要？”编辑翻阅了几页，赶忙说：“可以，可以。”就把整本稿子带走了。

临到快见报的前一夜里，刘放园还特地来电话问冰心：“这是什么？”冰心也不好作答，便说：“这是小杂感一类的东西……”

于是，《繁星》的开篇就被放在《新文艺》的栏目里。有趣的是，接下来连着几天，也不见继续刊登，直到1月6日，在诗栏中又出现了《繁星》。自此，连载开始。十多天后的1月18日，上海《时事新报·学灯》也连载《繁星》。

令冰心感到意外的是，《繁星》大受读者的喜爱，社会的反响也异常热烈。在读者的鼓励下，冰心又发表了类似体裁的《春水》。《晨报副刊》从3月21日开始刊载，一直到6月30日才宣告完成。

这300来首姑且称为小诗的作品，文字上清新俊秀，恬淡自然；形式上自由无韵，不矫揉造作；内容上，望着繁星，对着大海，赞美自然，赞美母爱和孩子，追求真善美；同时，多蕴含哲理，给人启迪，催人进取。小诗一时间便在当时的文坛上风行起来，赞誉和批评的声音也随之而来。但是，不管如何，这晶莹的繁星已闪耀在文坛之上，清澈的春水也早已流淌进读者的心田，乃至掀起内心的波澜。许多青年人争相仿效这种体裁和风格，创作了更多类似的小诗。可以说，《繁星》《春水》引领了一代诗坛的文风。

有趣的是，在燕京大学担任中国文学史课程的周作人，曾在上课中，以《繁星》《春水》作为范例来讲解新诗，并给予高度评价。不承想，作者冰心正坐在他面前的第一排，面红耳赤地听他的讲演……

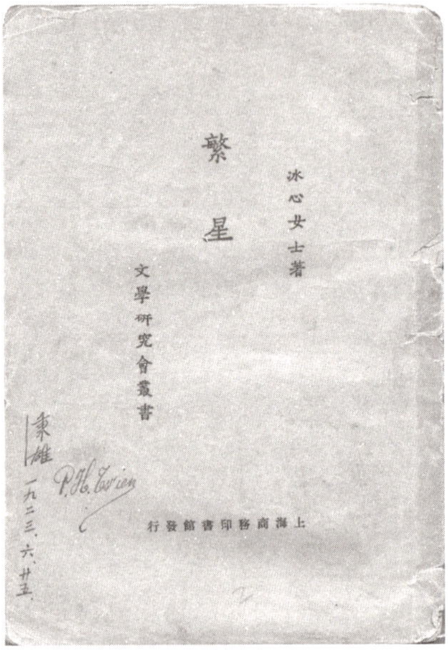

藏于冰心文学馆的《繁星》初版本

藏于冰心文学馆的《春水》初版本

然而，此后的冰心再也没有写过类似的文字了。甚至觉得她被冤枉了："说到零碎的思想，要联带着说一说《繁星》和《春水》。这两本'零碎的思想'，使我受了无限的冤枉！我吞咽了十年的话，我要倾吐出来了。《繁星》《春水》不是诗。至少是那时的我，不在立意做诗。我对于新诗，还不了解，很怀疑，也不敢尝试。我以为诗的重心，在内容而不在形式。同时无韵而冗长的诗，若是不分行来写，又容易与'诗的散文'相混。我写《繁星》，正如跋言中所说，因着看泰戈尔的《飞鸟集》，而仿用他的形式，来收集我零碎的思想。"

在冰心的心目中，"实在是有诗的标准的，我认为诗是应该有格律的——不管它是新是旧——音乐性是应该比较强的。同时情感上也应该有抑扬顿挫，三言两语就成一首诗，未免太单薄太草率了。因此，我除了在二十岁前后，一口气写了三百多段

‘零碎的思想’之外，就再没有像《繁星》和《春水》之类的东西”。

1923年6月4日，燕京大学举行学生的毕业典礼。此前，冰心早已完成了她的本科毕业论文《元代的戏曲》，导师是周作人。毕业当天，她因为成绩优异，被授予了燕大中国裴德裴荣誉学会设立的金钥匙奖——这是燕京大学女生第一次获得这个奖项。与此同时，冰心接受作为燕京大学姐妹学校的美国威尔斯利女子学院的奖学金，即将出国留学，开启一段新的生命旅程。

燕大生涯的4年，冰心创作了以《超人》为代表的“问题小说”，以《笑》为代表的白话散文，以《繁星》《春水》为代表的哲理小诗。其作品，在创作主题上形成了表现童心、母爱、自然之爱的“爱的哲学”体系，在文学体式上追求融会“文言化”“西文化”的抒情白话文体，在语言文字上呈现委婉絮语、流丽雅洁的特色——被称为“冰心体”。因此，1921年，她加入了由郑振铎联络发起的“文学研究会”。不久，便成为“文学研究会初期活动的最大明星”（舒乙语）。

第五章

留学美国 寄小读者

（1923—1926）

1923 年，冰心从燕京大学毕业后，前往美国留学。她在留学期间写下了《寄小读者》等佳作，也在生病休养时种下了“爱与同情”的种子。

指点我罢，

  我的朋友！

我是横海的燕子，

  要寻觅隔水的窝巢。

——冰心：《繁星·六十三》

世上没有哪个小孩子不想快快地长大成人，却有一个大人以身为儿童为傲，这个大人就是冰心。她说：“我是你们天真队伍里的一个落伍者——然而有一件事，是我常常用以自傲的：就是我从前也曾是一个小孩子，现在还有时仍是个小孩子。”这段话出自冰心的儿童文学代表作《寄小读者》。

1923年6月，冰心从燕京大学毕业，准备前往美国威尔斯利女子学院留学。家里的3个弟弟都舍不得冰心远行，三弟谢为楫已经13岁了，他知道地球是圆的，就跟姐姐开玩笑说：“姊姊，你走了，我们想你的时候，可以拿一条很长的竹竿子，从我们的院子里，直穿到对面你们的院子去，穿成一个孔穴。我们从那孔穴里，可以彼此看见。我看看你别后是否胖了，或是瘦了。”

还有年纪更小的小伙伴们缠着冰心，七嘴八舌地说这说那，让冰心将远行之后好看的好玩的新奇的东西都告诉他们。冰心又是好笑，又是感动，便答应了弟弟们和其他小伙伴的要求，通过写信的方式来将留学的生活、旅途的见闻、新鲜的事情、外国的风景、异地的人情，一一告诉他们。

就在这时，冰心发现《晨报副刊》的第四版上开辟了一个《儿童世界》专栏。她想起，这个专栏正是在她的多次提议下才开设的，自己也应该为它写点什么，现在刚刚答应弟弟们写信的要求，如果把通信刊载在这个专栏上，既能给弟弟们看，更可以给更多的小读者看，不是两全其美吗？

于是，一天清晨，冰心静下心来，伏在案头，仿佛带着几分仪式感，写了《给儿童世界的小读者》：

似曾相识的小朋友们：

……

在这开宗明义的第一信里，请你们容我在你们面前介绍我自己。我是你们天真队里的一个落伍者——然而有一件事，是我常常用以自傲的：就是我从前也曾是一个小孩子，现在还有时仍是一个小孩子。为着要保守这一点天真直到我转入另一世界时为止，我恳切地希望你们帮助我，提携我，我自己也要永远勉励着，做你们的一个最热情最忠实的朋友！

……

冰心

一九二三年七月二十五日

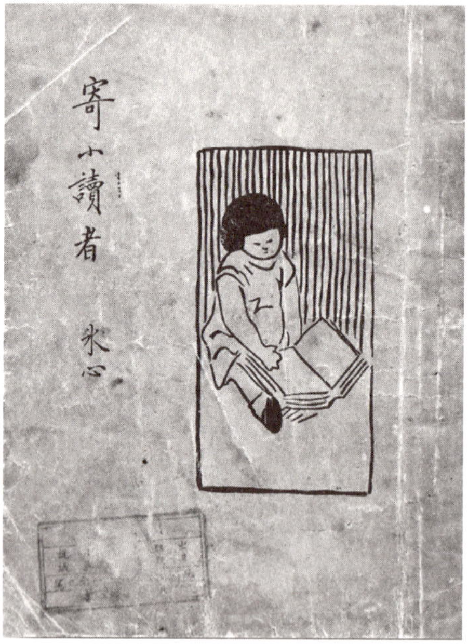

《寄小读者》初版本，封面为丰子恺设计

这篇文章刊登在7月29日的《晨报副刊》《儿童世界》专栏上，后来成为《寄小读者》的首篇。1923年至1926年间，此类共29篇，其中有21篇是她赴美留学期间写成的，主要记述了海外的风光和奇闻逸事，同时也抒发了她对祖国、对故乡的热爱和思念之情。1926年5月，《寄小读者》由北新书局初版发行，短短一年之内印了13次。到1935

年12月，单单北新书局便印行了23版。到1941年6月，印行了36版——这其中还未计入其他未授权或盗印的版次。这样的发行量，一时无两。这部作品也给冰心带来了极高的知名度和极大的荣誉，一代又一代的小朋友，都从这里认识冰心，接受冰心，在冰心的文学熏陶和影响下成长起来。

1923年8月，“约（杰）克逊总统号”邮轮满载着清华与燕大的学子前往美国，其中便有冰心。登船后不久，冰心倒是想起一人来：临行前，她收到先期自费赴美留学的贝满女中同学吴搂梅的来信，说她弟弟吴卓是这一届清华学堂的应届毕业生，会与冰心同船赴美，希望给予关照云云。所以，上船后第二天，冰心便想去找吴卓。虽然当时社会风气已较为开明，燕大已男女合校，异性同学之间接触也多自然，但冰心想要直接到清华男生的船舱中去找人，还是颇为不便。她思来想去，只好求助于同行的许地山，请他帮忙去清华的男生中找一位“吴先生”。

于是，许地山火急火燎地去了清华男生的船舱找人。冰心左右无事，便和陶玲一起在甲板上玩起了丢沙袋的游戏。不多时，许地山领着吴先生来了。这位吴先生身材颀长，五官端正，脸庞白皙，剑眉星目，挺直的鼻梁上架着玳瑁边的眼镜，略厚的嘴唇微微笑着，书卷气扑面而来，一副文质彬彬的样子。

因着冰心与吴搂梅是要好的同学，冰心与这位吴先生寒暄之中便带着大姐姐的口气：“昨天晚上休息得好吗？晕不晕船？”吴先生稍微一愣，应道：“昨晚休息还好，不晕船。”冰心看出他的诧异，便说：“是这样的，我收到你姐姐的来信，说你也是乘这艘船到美国，让我找你，路上互相照顾。”

青年吴文藻

闻言之后，吴先生更是一头雾水：他的两个姐姐一个只念过小学，另一个更是大字不识，如何会给眼前这位美国留学生写信？

吴先生反问道：“不知道家姐什么时候给你写过信？”冰心也纳闷了，说：“我前几天方才收到你姐姐从美国寄来的信……”话音未落，吴先生算是明白过来，不由得说：“不好意思，你可能认错人了。家姐没多少文化，也没有去过美国。”冰心听罢，还是忍不住问道：“你不是吴卓吗？”“我不是吴卓，我是吴文藻。”吴先生话一出口，两个人不由得都沉默下来，冰心更是顿觉脸红，场面有几分尴尬，空气仿佛一下子凝固了。

许地山也是一时无语，愣在当下，不知道如何是好。还是冰心身边大大方方的陶玲打破了僵局，说大家能在同一艘船上相识，都是缘分，那就来一起玩丢沙袋吧！于是，冰心与吴文藻相顾一笑，尴尬的气氛算是一扫而去，便在甲板上玩丢沙袋。

甲板上的这几个年轻人两两一组玩丢沙袋游戏，也不知是有意无意还是天意，冰心与吴文藻总是分在一组。在游戏中，两个人继续攀谈着。吴文藻这才知道，眼前这位面容清秀温柔尔雅的女子，正是名声在外的“冰心女士”。在清华“自由教育”的环境中成长起来的吴文藻，对冰心的大名自然是耳闻已久，但也仅止于此。

游戏玩累了，大家都熟识起来，便各自倚在船栏上，看海闲谈。冰心看吴文藻一直安安静静，不大言语，就主动问起他的情况：“吴先生，不知你这次去美国，是要去哪个学校？修的什么专业？”吴文藻老老实实回答：“我们清华的高等科毕业，大约相当于美国大学的二年级。所以，上一届的师兄潘光旦推荐我可以到Dartmouth College，也就是新罕布什尔州汉诺沃市的达特默思学院去，修习社会学。”听着吴文藻一本正经的回答，冰心不由得浅笑。

吴文藻也问道：“那么，你呢？”冰心也认认真真地回答他：“我拿了波士顿的威尔斯利女子学院的奖学金，自然是想学文学，现在想先选修一些英国19世纪诗人的功课。”“书虫子”吴文藻博闻强记，想起前不久刚刚读过的一些书里面，就有几本著名的英美评论家评论19世纪早期英国著名诗人拜伦和雪莱的书，便随口问冰心：“有几本评论拜伦和雪莱的书，都是现在英美著名评论家写的，你读过了吗？书名是……”

冰心暗自吃惊，这几本书都没读过，甚至闻所未闻，不由得有些脸红，索性坦承：“你说的这几本书，我都还没读到过。”

天性率真的吴文藻也是一愣，便直言：“你要是学文学的话，这些书都没读过，不应该啊。这次到美国留学，是一个很好的机会，你如果不趁在国外的时间，多看一些课外的书，那么这次到美国就算是白来了！”

吴文藻这略显无理的话，深深地刺痛了冰心。她自记事以来，以聪明好学为旁人称赞，从没有人对她说过这样的话，连最严厉的老师都没有。冰心直视着可谓交浅言深的吴文藻，却从他

的眼睛里看到了自信与真诚，这让冰心审视起自己，理性的天平偏向了吴文藻。再看这个书生气的青年男子，却有了说不出的可爱之处——于是，到美国后，冰心给船上的刚认识的同学互寄了风景明信片，独独给他寄了一封书信——这是后话了。

冰心稍整心情，展颜一笑，诚恳地对吴文藻说：“吴先生，谢谢你的忠言。我一定会借这个机会，好好读一些书，不虚美国此行。”这边的吴文藻话一出口，便觉得唐突，正心中忐忑，听到冰心如此豁达的话，他如释重负，也暗暗佩服冰心的大方，不由得再次打量眼前的“冰心女士”：清丽的容颜，微红的脸颊，巧笑倩兮，美目盼兮，却同样透着知性女子的自信与真诚。

四目相对之下，他们在对方的心底，站住了，坐下了，直到一辈子。

回首冰心与吴文藻的初次见面，无疑是戏剧性的“阴差阳错”。后来，许地山曾开玩笑地对冰心说：“亏得那时的‘阴错阳差’，否则你们到美国之后，一个在东方的波士顿威尔斯利，一个在北方的新罕布什州达特默思，相去有七八个小时的火车，也许永远没有机会相识了。”

命运的安排如此美妙，冰心与吴文藻从四目相对逆耳忠言中确认了彼此，从一次错识相知相交中牵手了一生。62年之后，吴文藻先于冰心故去。冰心含泪写下万言的《我的老伴——吴文藻》，却也忍不住“埋怨”吴文藻，在他一生的文字里，言及两人的只有《吴文藻自传》中的那一句话：“也就是在去美国的船上，与谢冰心相遇并播下了友谊的种子。”

海上的时日很快就过去了。9月1日，“约克逊总统号”邮轮在美国西雅图靠岸。冰心挥别同行的朋友，在西雅图小住两日，便乘火车到了芝加哥，又从芝加哥前往波士顿。这一路留美的中国学生，就数冰心的行程最远。

冰心下了火车，正茫然无措时，两位面带微笑的老人迎了上来。其中那名优雅的女士惊喜地唤着冰心的名字，说：“我的孩子，终于把你盼来了！”原来，这是冰心大学时期的老师包贵思的父母亲。

他们把冰心接到了家里：默特佛镇火药库街46号，安排冰心先住在包贵思的房间。老人的关怀和体贴，让远道而来的冰心感受到了温暖和安慰。他们带着冰心浏览了波士顿，参观了侯立欧女子大学、斯密斯女子学院，漫步于波士顿的海岸边。

冰心虽然感受到两位老人的热情，但是怎奈初来乍到，终究举目无亲，一幢幢楼房林立，一条条街道笔直，一次次思念袭来。包老夫人看在眼里，便跟冰心说，波士顿有家很好的照相馆，去那里拍一张照片，寄回国内给思念的亲人们吧。

于是，冰心在包老夫人的陪同下，到了这家照相馆，花了5美元，拍了一张照片，随着她的书信寄回了北京，自己也留了一张，装在相框里，作为纪念。

几日过后，这家照相馆的橱窗外便站满了人。大家的目光投向橱窗第一排的一张照片上——这是一名年轻的东方女性的半身照，乌黑亮丽的直发覆盖前额，温柔明媚的目光凝视远方，高高的鼻梁，嘴角跟着笑意微微翘起，红润的脸庞透着健康而美丽的光泽，具有东方特色的花色上衣显得典雅端庄，一条金色的项链静静地垂在胸前相得益彰。“天啊，这是谁？真是美丽！”“这

立在美国某照相馆橱窗中的冰心照片

难道就是神秘的东方美人？”……围观的人议论起来。

这张照片的主人，就是冰心。

越来越多的人听到了这个传闻，纷纷跑来照相馆的橱窗前一睹芳容。照相馆的摄影师更是得意，特地把照片放大了，再摆在正当中，方便大家欣赏。他们还写信给冰心，告诉她这个“好消息”。

接到信的冰心，心里也有些小窃喜，但转念一想，又有些顾虑：一个姑娘家，相片放在大街上，对于东方传统而言，多少有些不好接受。胆小的冰心，不敢冒冒失失去找照相馆，只好求助学校的老师去沟通，想把照片取下来。照相馆的经理则不以为然，说这是他们拍得最成功的照片之一，放大出来陈列是他们的光荣。后来，为了尊重中国朋友的意见，照相馆经理便安排把照片换了个位置，移到后排去。

回过头来，冰心自己也对这张照片颇为满意，在装着照片的镜框两旁，写下自己喜欢的两句诗：“到死未消兰气息，他生宜护玉精神。”

9月17日，冰心正式开始留学生涯，主攻英国文学。她在注册时，使用的英文名是MARGARET（玛格丽特），学号是015754。刚入学不久，她就发现在这里有一个很大很美的湖，英文名为Lake Waban。她不知道的是，这个湖被曾同样就读于威尔

斯利女子学院的宋美龄翻译为韦班湖。

冰心住的是学校的学生公寓，英文名为Beebe Hall，冰心便把它翻译作“闭璧楼”。公寓离湖不远，从没出过远门也未曾远离亲人的冰心，入校没几天，便分外想家，想家里的亲人。她一见到湖，不由得想起小时候在烟台的经历，觉得特别亲切。她是“海的女儿”啊，现在身处湖边，亲人却不在身边，只有湖见水，见水思人。因此，每当下课归来，冰心不自觉地就往湖边去，又身不由己地绕着湖，一圈一圈地走，仿佛这样便能离家离亲人更近一些。后来，冰心索性谐音会意，将Lake Waban唤作“慰冰湖”。

于是，公寓旁这个美丽的慰冰湖不仅在冰心的留学生涯中占据了很重要的位置，而且走进了冰心的笔下。她写道：“从此过起了异乡的学校生活。虽只过了两个多月，而慰冰湖的新环境和我静中的乡愁，将我两个多月的生涯，装点得十分浪漫。”

也就是在这短短的两个多月时间，冰心写了8篇文章，其中提到慰冰湖的就有11次之多，甚至有一篇《好梦》，里面全是慰冰湖。从冰心的笔下流淌出来的文字中，透着女性天生的敏锐，弥漫开一道忧而美的情绪，让人玩味。只身独影的冰心，无意中成就了华丽的篇章。

转眼间，冰心来到威尔斯利女子学院已经快3个月了，天气也逐渐变冷。一天下课后，她如往常一般来到慰冰湖畔。刚刚靠着一块大石头坐下，一阵冷风拂过她瘦弱的身子，令她不由得打个冷战。不多时，冰心便觉得头晕乏力。

回到公寓的这天夜里，冰心昏昏沉沉的，怎么也睡不着，站

在窗口，遥望慰冰湖，又思念起遥远的家来。忽然，她感觉腹中一阵翻江倒海，一下没忍住，竟然口吐鲜血！

舍友赶紧叫来了医生和护士，医生给冰心做了一些紧急处理，又打针又止血，脸上的神色愈发凝重。半夜，冰心便被送往学校的圣卜生医院。

过了几天，冰心的病情有了好转。但是，慎重的医生经过考虑，或许也有些顾虑，便安排她休养半年。于是，冰心被送上了青山（The Blue Hills）沙穰疗养院。

这下子，冰心有些无所适从了，甚至“几乎神经错乱”。出国留学意外变成出国养病，早已做好的学习安排也都成了泡影，令她一时难以接受。幸运的是，病中的冰心却有了意想不到的收获——来自许多或认识或不认识的老师、同学，甚至是仅有一面之缘的善良人的同情与爱。

从圣卜生到青山，冰心的病房中，从不缺少鲜花，从不缺少前来问候的人，也从不缺少问候的信函。包贵思的母亲专程从波士顿赶来，见到冰心脸色苍白地躺在床上，握着她的手含着泪说：“我的孩子，你这是怎么了……”话音刚落，冰心的泪水也一下子涌了出来。燕京大学的校长司徒雷登正好在美国旅行，偶然得知冰心生病，便特地赶来，就只为了看望病中的冰心。很多在美国的留学生也赶来了：熟识的许地山、梁实秋，还有之前留下深刻印象的吴文藻。质朴的吴文藻默默地看着她，只说了一句：“你要听从医生的安排，好好地休养……”

在无数鲜花和友爱的环绕中，冰心终于得以病愈出院。她在《寄小读者·通讯十九》中，用手中的笔对她的小朋友吐露着令她永生难忘的病中体验：一是“弱”，身乏体弱，不由自主，“眠食稍一反常，心理上稍有刺激，就觉得精神全隳，温度和脉跃都起变化”，“如今理会得身心相关的密切，和病弱扰乱了心灵的安全，我便心诚悦服的听从了医士的指挥”。二是“冷”，“冷得真有趣！更有趣的是我自己毫不觉得，只看来访的朋友们的瑟缩寒战，和他们对于我们风雪中户外生活之惊奇，才知道自己的‘冷’。冷到时只觉得一阵麻木，眼珠也似乎在冻着，双手互握，也似乎没有感觉”。唯一可以欣慰的还是看书，麻木的手还在写字，竟练出了些许勇敢。三是“闲”，“闲得却有时无趣”，往往半个月后的日程早已安排了。同时，“闲”又赋予她写作的自由，想提笔就提笔，想搁笔就搁笔，反而成就了“行云流水”的写作态度。四是“爱”与“同情”，冰心以最庄肃的态度叙述这最为深切的感觉。她说，以前认为同情是应得的，爱是必得的，“便有一种轻藐与忽视”，然而此应得与必得，只限于家人骨肉之间。至于朋友同学之间，“同情是难得的，爱是不可必得的，幸而得到，那是施者自己人格之伟大”！“同病相怜”何等真切，“我还无言，她已坠泪”何其幸甚！这是人之为人、人性之伟大的根本。于是，冰心满怀深情地写道：

> 爱在右，同情在左，走在生命路的两旁，随时撒种，随时开花，将这一径长途，点缀得香花弥漫，使穿枝拂叶的行人，踏着荆棘，不觉得痛苦，有泪可落，也不是悲凉。（《寄小读者·通讯十九》）

从此，“爱与同情”的种子种在了冰心的心灵深处，贯穿了她此后漫长的一生。

第六章

风雨燕园 游学欧美

（1926—1938）

冰心从美国学成归国后，回到燕京大学任教。其间笔耕不辍，出版了中国现代第一部作家个人全集。她与相恋多年的吴文藻在校园成婚，在多年后共同前往欧美进行访问和游学。

我爱，归来罢，我爱！
我不用我自己的柔情——
你听泰山的乱石惊鸣，
你听东海的狂涛怒生！

我爱，归来罢，我爱！
我不用我自己的柔情，
我爱，归来罢，我爱！
我要你听母亲的哀音！

——冰心：《我爱，归来罢，我爱！》

1926年7月，冰心完成了她的硕士论文——《李易安女士词的翻译和编辑》，带着吴文藻亲笔写就的《求婚书》，从威尔斯利女子学院研究生院毕业后离美回国。刚回到北京，8月21日，谢葆璋被任命为海军次长。谢家儿女初长成，房子不够住了，他们便从中剪子巷14号迁到前圆恩寺一所坐北朝南的大房子里，搬家的钱用的还是冰心100元的《春水》稿费。

北京的夏末秋初，是一年之中最好的季节。在一个天空湛蓝、清爽明媚的日子里，冰心回到了与之阔别3年的燕大校园，这时燕京大学刚刚搬迁到西郊。在新校舍开课的第一学期，昔日才思敏捷、温柔恬静的燕大女高才生，已经摇身一变，成了一名严肃端庄、为人师表的女助教。

根据燕大的规定，获博士学位留学归来任教，一般可聘为讲师，虽然冰心的学位为文学硕士，可能因为她久负文名，也被聘为讲师，教的是大学一年级的国文必修课，还为高年级学生开选修课，其中有《欧洲戏剧史》。冰心说，教材用的是她在美国读书时的笔记，可照本宣科。当时，有个学生叫焦菊隐，只比冰心小三四岁，但爱听冰心的课，日后这个爱争论的学生成了中国著名的导演艺术家、戏剧理论家、翻译家。

有趣的是，由于冰心从燕京大学毕业，3年后学成归国又回母校任教，学校里的教师大多是她昔日的老师，像同一个系的马鉴、周作人、沈尹默、顾随、郭绍虞等人，还有历史系的顾颉刚、物理系的谢玉铭、新闻系的张琴南、蒋荫恩等，也都是之前就认识的老师。因此，每当学校开教授会时，冰心总是挑个边角的座位，惶恐地缩在一旁。教授们哭笑不得，偏偏又都爱护着她，便亲切地称她为Faculty Baby（教授会的娃娃）。当教务处安排课程征求冰心意见时，她总是挑选第一堂课的时段，因为，很多教授们都不爱上第一堂课。

冰心的教学方法生动活泼，还对教学内容进行了改革。比如，她给一年级以上的学生开了一堂“习作”选修课，有一次给学生出个作文题——《理想的美》，原意就是要男同学来写《我理想中的美女子》，女同学来写《我理想中的美男子》，以此来抨击当时社会对思想解放的学生设下种种禁区。还有一次，居然出过《初恋》的作文题目，还说，无论是亲身经历还是虚构的都可以写。这些别具一格的方式，让她的学生念念不忘，成为师生再次会面时有趣的谈资。

此外，冰心要学生练习写各种文学形式的文字，如小说、诗、书信，有时也有翻译作品。期末考试则是让他们每人交一本“刊物”，什么种类的都行，如美术、体育等，但必须有封面图案、本刊宗旨、文章、相片这些刊物必要的元素。同班同学之间可以互相组稿，也可以向班外的同学索要稿件或相片。这一堂课，让学生们都觉得很新鲜有趣，他们期末交来的“刊物”，内容和刊名都很一致，又很活泼可喜。

为了扩大学生的视野，活跃学习气氛，冰心还邀请一些知名作家来班上讲课，介绍他们的创作体会和艺术观点。比如，她邀请来同是福州老乡、又同样享誉文坛的著名女作家庐隐（当时正在北京师大附中任教），给学生讲《海滨故人》等小说的创作。

当时在京的学术圈子十分活跃，冰心自己也常被请去其他学校，与文学爱好者座谈，作学术报告之类。北京大学就曾请冰心去北大第三院大礼堂，作了一堂《中西戏剧之比较》的演讲。听者把一个大礼堂坐得满满当当，连走廊上窗户前大门口也都人头攒动。

1927年3月，由于北伐军进逼北京，时任海军总司令的冰心表侄杨树庄率领海军官兵归附国民革命军，电令各舰易帜。北伐军遂与海军合作，攻下南京。杨树庄考虑到谢葆璋曾担任过前北京政府的海军次长，又曾代理过海军总长，处境很危险，便劝谢葆璋辞官南下避险。几番斟酌之下，谢葆璋就辞了海军部的职务，担任没有实权的海道测量局局长兼全国海岸巡防处处长。随后，全家迁至上海徐家汇路268号居住。

冰心每至假期，便回上海与父母团聚，其余时间则一个人留在北京，住在燕园之中的朗润园里。这是一座大园之中的小园，别有洞天，曲径通幽。孤身一人的她，不上课的时候，要么到校门东南侧的图书馆里去读书写作，要么一个人坐在书斋里，想念着南方的双亲、分散在各地求学的弟弟们，还有那位远在大洋彼岸的吴文藻。

看似宁静的大学校园，却无法阻挡动荡世界带来的不宁静。

1928年，蒋介石领导国民革命军进行北伐战争，日本军国主义者担心中国一旦统一，就不能任日本肆意侵略，于是竭力阻挠北伐军的进程。5月，日本以保护侨民为名，派兵进驻济南、青岛及胶济铁路沿线，准备动用武力。当国民革命军克复济南后，日军遂于5月3日派兵侵入中国政府所设的山东交涉署，将交涉员蔡公时割去耳鼻，然后枪杀，将交涉署职员全部杀害，并进攻国民革命军驻地，在济南城内肆意焚掠屠杀，制造了骇人听闻的

"五三惨案"。此案中，日军在济南扣留大量车辆，截断交通线路，并强占胶济沿线的行政机关，更令人震惊的是，中国民众被焚杀死亡者达1.7万余人，受伤者2000余人，被俘者5000余人。

为抗议日本在济南制造的惨案，北京学生举行了抗议活动，燕大师生走在游行队伍的前头。5月9日夜，冰心怀着悲愤的心情，挥毫写下了新诗《我爱，归来罢，我爱！》：

……

归来罢，儿啊！
看你家里火光冲天！
你看弟兄的血肉，染的遍地腥膻！
归来罢，儿啊！
你老弱的娘
　哪敢惹下什么怨愆？
可奈那强邻暴客
　到你家来，
　东冲西突
　随他的便，
他欺凌孤寡，不住的烹煎！

……

满满的悲愤之情破出纸面！冰心用她少有的语气和字眼，对日军的残暴行径和血腥屠杀进行正义的控诉，向还在美国攻读博士学位、尚不知道祖国遭受苦难的恋人吴文藻发出呼唤。冰心曾说，1926年回国以后直至1929年，简直没有写出一个字，若有，恐怕只是一两首诗，如《我爱，归来罢，我爱！》等。

1929年2月，吴文藻从美国哥伦比亚大学读完博士学位归国，同时获“近10年内最优秀的外国留学生”荣誉奖。作为清华学子，吴文藻本应回清华大学任教，但因了冰心的缘故，先接受了燕京大学的邀请，被聘为燕大社会学系讲师，后在清华大学兼了两门课。

3月，冰心与吴文藻相约一同前往上海，拜见冰心的父母。此前，冰心早已偷偷将《求婚书》给二老过目，现在二老见了真人，更是满意。原来，他们早托人了解过吴文藻在江阴的家庭与个人状况。

久别重逢的冰心、吴文藻二人又马不停蹄去了江阴，探望吴家长辈，禀报婚讯。不几日，他们回到上海，在谢家举行了订婚仪式，制作了喜帖，喜帖上的双方介绍人分别为：男方是胡适，女方是张君劢。

1929年6月15日，一个阳光明媚的良辰吉日，在风景如画的燕大未名湖畔校长住宅楼临湖轩，吴文藻与谢婉莹举行了隆重而简朴的婚礼。说来有趣，这一对璧人在新婚这天都很忙，忙的却是各自的工作。冰心的班上是一堂考试，她一早8点就来监考，学生们都用惊奇的眼光看着她，又很配合地早早交了卷。冰心不紧不慢，居然当场批阅考卷，将分数评完才离开。而吴文藻呢，约好了上午下课回来到女教师宿舍先吃午饭。他正骑着自行车从朗润园绕未名湖过来，眼看前面路上慢悠悠地走着一位老人家，因为路窄，超不过去，他先是揿车铃，没反应，刹车又来不及，右边是未名湖，只能往左一打弯——撞树上去了，手脚都摔伤了。没办法，他只好推着车子到校医室，敷药包扎完事，才赶到女教师宿舍。冰心看着受了伤的新郎，又是心疼又是好笑。

下午，临湖轩楼前，新郎身着西装，系着一条斜条纹的领带，新娘穿着洁白的婚纱，头戴时尚的半圆形小帽，主婚的是燕京大学的校长司徒雷登，依着西式婚礼的样式，为他们送上真诚的祝福。当天出席的客人仅限于燕大和清华的同事同学，用来招待的也只有蛋糕、茶点、果汁和咖啡，全部的费用加起来也不过34元钱。

原本，司徒雷登校长爱惜人才，早已决定将正在建造的南大地60号作为冰心夫妇婚后的新房。可惜结婚的时候，房子还没

冰心与吴文藻婚礼合影

二排左起：刘纪华（弟媳）、吴文藻、冰心、陈意（伴娘）、江尊群；三排左起：谢为杰（二弟）、杨子敬夫人（舅母）、司徒雷登、包贵思、萨本栋（伴郎）

竣工，冰心便做主到西山大觉寺里租了一间空房，稍微收拾了一下，当作新婚旅行了。整个房间，只有冰心自己从学校带来的两张帆布床和一张没有油漆的白木桌子，仔细一看，桌子居然是三条腿，那少了的一条腿是用半块破砖垫起来的。新房如此简陋，一向反应迟钝的吴文藻也不好意思起来。然而，冰心知足了，眼前的这个男人是她一生的财富。

婚后两天，新婚的两个人便都回了学校。冰心住到包贵思家里，吴文藻仍到教师宿舍过单身生活。不几日，学校放假了，夫妇二人先后回到上海和江阴，双方长辈们都在当地举办了隆重的婚宴。在这些仪式办完之后，他们才意识到真的成了一家人。等到9月返京，南大地的60号楼基本完工。在冰心和佣人富妈的张罗下，这座命名为“燕南园60号”的小楼正式成为他们的新居。

6年的相识相知相爱，冰心与吴文藻有了属于自己的温馨小家。燕南园60号楼在之后的10年里，见证了他们二人的相爱相伴相守。

然而，半年的光景，现实的残酷便使冰心从新婚的喜悦中惊醒。12月14日，一封来自上海的电报发来：“……母亲云，如决回，提前更好。”来不及收拾心情、心急如焚的冰心在5天之后，从北京坐火车到天津，再从天津坐船到上海，侍奉母亲。

1930年1月7日，冰心的母亲杨福慈辞世。杨福慈是冰心“爱的哲学”中最为重要的精神来源，冰心曾在生病的时候不无感慨地说，我爱我的病，因为我的病来自我的母亲，而我爱我的母亲，也因此爱这母亲给予我的病！

一年之后的2月6日，冰心自己也做了母亲。这一天，她的长

子吴宗生出生了，接生他的是福建老乡林巧稚大夫。“养儿方知父母恩”，有了孩子的冰心更是体会到为人父母的心情。她在生育假期的时候，异常思念起自己的母亲来。她提起手中的笔，根据一年之前回沪侍母的情形，创作了长篇纪实散文《南归——贡献给母亲在天之灵》。后来，她说：“我这一辈子写了有一二百篇散文（据统计，实际上所作可称‘散文’的多达918篇——引者注），多半都是千字文，现在拿起自己的文集来看，觉得大多数都是‘做’的！连那篇《关于散文》也是‘做’，说的都是些空泛的夸赞的话，写过自己也忘了！……但是其中有一篇，使我不敢轻易翻看，一看就会使我惊心，使我呜咽，而且它是我写过的散文中最长的一篇，大约一万五千字左右吧，这篇就是收在《冰心文集》第三卷里的‘贡献给母亲在天之灵’的《南归》！”

《南归》在冰心的心里占据如此重要的地位，同样，它在冰心的散文作品中也有特殊的地位和意义。冰心早期的作品，特别是散文作品，因为追求语言和文字的美，运用着诗化的语言，句式短小，一般都在10个字以内；但用字遣词清新隽永，又多有不同的修辞手法，如比喻、拟人、排比、重复、对偶等等——说是典型的“美文”并不为过。《南归》则鲜明地不同于以往的作品。乍看之下，显得行文烦琐，用字如泼墨，似记流水账，平平淡淡。再深入读去，又有些语无伦次，下笔啰唆，甚至有味如嚼蜡之感——只是，仿佛有种特别的压抑感充盈着你的大脑，压迫着你的神经，隐隐地仿佛暗流汹涌之上的那一滩平静的湖水、疾风暴雨前的那一缕微弱的阳光。

“而心中的怔忡，孤悬，恐怖，依恋，在不语无言之中，只有钟和灯知道了！”

“门外是笑骂声，叫卖声，喧呶声，争竞声；杂着油味，垢腻味，烟味，咸味，阴天味；一片的拥挤，窒塞，纷扰，叫嚣！我忍住呼吸，闭着眼。”

藏于冰心文学馆的《南归》初版本

这偶尔的短句、依然的排比，却不见了“美”，只有压抑，压抑着的神经，甚至显得些许的麻木和出奇的理智。这是为什么呢？因为，真正的悲伤往往在貌似麻木之后。《南归》貌似烦冗拖沓，不厌其烦，如同那淅淅沥沥的剪不断理还乱的梅雨，一天一天地记录着，一次一次地摘录写给别人的信——生怕这文章一下就写完了！

但，这一章终将翻篇。冰心最后写道：“我受尽了爱怜，如今正是自己爱怜他人的时候。我当永远勉励着以母亲之心为心。我有父亲和三个弟弟，以及许多的亲眷。我将永远拥抱爱护着他们。”

除了《南归》，1931年冰心创作的短篇小说《分》，同样引起了文坛的关注。小说以30年代初期北平的一所教会医院为背景，以丰富的想象，从两个刚刚出生离开母体的婴儿的视角来诉说来到世上的见闻和感受。这表明在思想境界上，冰心有意识地开始尝试超越自我，从新的角度思考生存问题。包括茅盾在内的评论家们就此对冰心有了新的认识和更高的评价。

《分》之后，冰心陆续发表了小说《我们太太的客厅》《冬儿姑娘》《相片》，散文作品《寻常百姓》《新年试笔》等，还翻译了黎巴嫩诗人纪伯伦的《先知》。在国内，第一位介绍纪伯伦作品的是茅盾，而第一位完整翻译纪伯伦散文诗的要数冰心。此后，冰心还大量翻译了纪伯伦的作品，因此，在1995年3月7日，黎巴嫩驻华大使法利德·萨玛哈在北京医院向冰心授予黎巴嫩国家级雪松骑士勋章和证书，以表彰冰心为中黎文化交流事业做出的突出贡献。

1931年春天，冰心到东安市场。在一个书摊上，她意外地看到一本《冰心女士全集续编》的书。她心里讶异：怎么自己都没见过这本书？随手翻起目录，倒是让她气愤不已，原来里面收了几篇《我不知为你洒了多少眼泪》《安慰》《疯了的父亲》《给哥哥的一封信》的文章，却不是她写的，文字粗鄙不堪，思想也相去甚远。这是坊间的盗版书无疑了。之后，有几个朋友给冰心送来了几本花花绿绿的所谓《冰心女士文集》，有的内容倒都是她的，但封面粗俗，印刷粗糙，上面印着“上海新文学社”“北平合成书社”等等听都没听过的山寨出版社名称。

1932年北新书局版《冰心全集》（现藏于冰心文学馆）

气愤的不只是冰心，还有几家正规的印行。北新书局、开明书局都来人跟她商量，要她控诉禁止，说市面上盗版的书比正版的书还多。冰心无奈，写了委托信，请各印行去全权办理。可是过了一段时间，还是屡禁不止，收效甚微。后来，据不完全统计，仅1931年，署名“冰心”的盗版书前后有130余种之多。

这时，北新书局的人提议，让冰心自己把作品整理整理，出一套全集来，以正视听。冰心觉得，为了杜绝盗版行径，这倒不失为一个好办法。于是，她下了决心，来编一本自己之前想都不敢想的全集。因为此前，鲁迅未出版全集，胡适也只有文存，如果出版，就将是中国现代文学史上的第一部作家个人全集。

此后，1932年至1933年，《冰心全集》由北新书局出版发行，第一册为小说集，第二册为诗集，第三册为散文集。那年，冰心年方33岁。

1934年7月，时任平绥铁路局局长的沈昌，邀请吴文藻和冰心夫妇沿着平绥铁路观光，借作家和学者的笔，将铁路沿线的经济状况、物产情况、民族分布、宗教信仰、文化古迹、风土人情等等描绘下来，做做宣传，有利于开发祖国的大西北。盛情难却，同时又是利国利民的好事，冰心和吴文藻答应下来，还出面邀请了郑振铎、顾颉刚、雷洁琼、陈其田、赵澄、文国鼐等著名学者，组成了“平绥沿线旅行团”。

平绥铁路是一条完全由中国人自己设计、自己勘测、自己经营的铁路，所以这次考察给团员们平添了许多自豪感和新鲜感。旅行归来，冰心写了长篇报告《平绥沿线旅行纪》，吴文藻写了《蒙古包》，郑振铎则写了《西行书简》。《平绥沿线旅行纪》

（后改名《冰心游记》）和《西行书简》作为这次旅行重要的忠实记录，在1935年由平绥铁路管理局正式出版，成为当时社会观察祖国大西北的一个窗口。1935年5月1日，冰心的长女吴宗远出生，取名“远”字，或许就是纪念绥远之行的吧？

一转眼，冰心在燕大授课已经10个年头，吴文藻也快7年了。司徒雷登为了将燕大办成世界一流大学，在延揽人才方面可谓不遗余力。除了高薪水、稳定的住房条件、宽松的学术氛围等等之外，还有一条措施：教授在为学校服务6年后，有一年的时间用来休假、进修或赴国外游学。

为此，司徒雷登再次为吴文藻前往欧美游学，向美国驻天津总馆领事馆与西雅图移民局致函，告知吴文藻教授及夫人谢婉莹，接受美国洛克菲勒基金会资助，前往欧美进行学术访问，并代表燕京大学出席哈佛大学建校300周年纪念活

平绥铁路起自北平丰台，终点为绥远归绥县，1921年全路通车，全长532.5千米。后改名为京包铁路。

动等事宜。吴文藻早就想利用这一年的休假，到欧美一些重要的大学与研究机构考察近年社会学、人类学等学科发展的情况。同时，为他的几位门下高足寻找合适的留学导师，规划未来的学业方向。作为一名作家，冰心则想去看看人类现代文明的发祥地欧洲，享受一下恬静的生活。于是，他们将宗生和宗远托付给吴文藻的母亲后，便轻装上阵，于1936年8月13日上路游学去了。

夫妇二人先到日本稍作停留，便前往美国。9月10日，他们代表燕京大学出席哈佛大学建校300周年庆典，吴文藻代表燕京大学致辞，并到哈佛燕京学社参观，做午餐演讲。吴文藻演讲的内容是哈佛燕京学社对燕京大学图书馆的作用，冰心演讲的内容是哈佛燕京学社资助出版的情况，她作为《燕京学刊》的编委，主要讲了《燕京学刊》与《引得》两种杂志的学术地位与影响。

离开美国，他们乘坐新造的“玛利亚皇后号”轮船横渡大西洋，前往英国。到了英国，吴文藻便马不停蹄地开始了他在牛津大学、伦敦大学等研究机构的访问和学习，埋首在他的学术世界里去了；冰心则在一些留学生的陪伴下，外出逛街，看演出，倒也优哉游哉。

从伦敦出发，他们又前往罗马、佛罗伦萨、威尼斯、米兰、日内瓦和巴黎。一路奔波下来，俩人都有些疲惫，便在巴黎小住100来天。此时的吴文藻又开始紧张忙碌和兴奋起来，他着手整理此行的访问成果，开始修订、增编《西洋社会思想史》讲义；冰心倒是彻底放松下来，只参加了一次“到会听讲者众，极巴黎一时之盛”的演讲。1937年2月14日西方情人节当天，在巴黎拉丁区中法友谊会，冰心在盛情难却之下，做了一次完全是即兴发

挥张口即来的演讲。讲的是从北平出发，直到巴黎的一路所见与所思。由于听众大多是中国留学生，她也便将一路所见的日本、美国、英国、意大利的观感与中国现状对照起来，不仅形象生动，而且有独到的见解。

有趣的是，二人到了巴黎没有多久的一天，冰心偶感身体不适，胃口不好，便去看医生，医生告知是怀孕了。这个时候来到冰心身边的小生命就是后来取名宗黎的小女儿，即是纪念巴黎之行的意思。

冰心曾说，在巴黎度过的100来天，成了她一生中最美的回忆！

按照安排，他们从巴黎前往柏林，未多做停留，又重返法国，参观了在巴黎举办的世界博览会。吴文藻还应邀和主动出席过好几场博览会的论坛，可惜当时的中国没有参加巴黎世博会。

离开法国之后，夫妇二人前往罗马尼亚，也是短暂停留，便乘火车来到莫斯科。6月下旬，他们终于由莫斯科乘火车，经西伯利亚，从满洲里入关。1937年6月29日，吴文藻、冰心夫妇回到北平，结束了近一年的行程。

吴文藻、冰心此行几乎环游地球一圈，时间跨度长达321天。唯一可惜的是，如此丰富的经历，冰心却未曾写下只言片语，可谓文学界的一大憾事。不过，如此闲适的一年游历，对于冰心来说，却是真正的享受人生。

抵达北平数日之后，1937年7月7日——一个任何一个中国人都不会忘记也不能忘记的日子，日本军国主义者在这一天悍然发动了卢沟桥事变。

7月28日，北平沦陷。冰心意识到举国上下已到了生死存亡的境地，她一方面与吴文藻一起参加秘密的抗日救亡运动，一方面做好撤出北平、转移到后方抗日的准备。

11月9日，冰心在北京协和医院临产，林巧稚大夫再次为她接生。吴宗黎出生后，林巧稚面对着这新生命，说：“我们的孩子是个女的！我们又多了一份抗日的力量！”

冰心故居

第七章

抗战萍踪 漂泊西南

（1938—1946）

全面抗战爆发后，冰心、吴文藻一家辗转大后方。她先在云南任教，后去重庆妇指会工作，最后辞去政务，闭门写作。

她比男人多些颜色，也多些声音。……她比我们更温柔，也更勇敢；更活泼，也更深沉；更细腻，也更尖刻……世界上若没有女人，这世界至少要失去十分之五的“真”、十分之六的“善”、十分之七的“美”。

——冰心：《〈关于女人〉后记》

尽管司徒雷登再三挽留，冰心和吴文藻依然决定，如果不能上前线去打仗，就到大后方去，为抗战尽一份力量，而不是留在北平躲在美国的保护之下。

于是，他们将燕南园60号小楼内的东西，送人的送人，捐赠的捐赠，变卖的变卖，唯独留下吴文藻20年来的日记和冰心留美3年的日记，二人交往6年中的往来书信，以及收藏的善本书、字画、图册和教学笔记等等，装在15个大箱子里，寄藏在燕大教学楼的阁楼上，锁好，并贴了封条。就此，他们告别尚留在北平的谢葆璋，于1938年9月举家南下，辗转来到云南昆明。

昆明，又称春城，四季如春，鲜花似海。位于昆明的云南大学，前身是私立东陆大学，1934年改称省立云南大学，熊庆来于1937年7月来此出任校长。吴文藻正是应熊庆来的邀请来此任教，开办“人类学讲座”，设立社会学系，并任系主任。

战火纷飞的中国，没有片刻的安宁，即使身处大后方也是如此。冰心一家在昆明没住多久，日本飞机便开始对昆明不断地侵入，轰炸，他们只好跟随人们一起疏散到郊外去。1939年夏末，他们先是住到了郊外呈贡的文庙。此前，西南联大国情普查所在戴世光所长的安排下已经住了进来。为了欢迎女作家的到来，戴世光专书楹联一副：“半间东倒西歪屋，一个千锤百炼人。”这里虽然人气很高，其乐融融，但毕竟太小，冰心便托人另找房子。

找来找去，呈贡城内东北部有一座三台山，山腰间有一座小庭院，周围没有人家，上山的路崎岖不平，这个地方本是斗南村华姓大户守墓的地方，名为“华氏墓庐”。庭院外有一段长十余米的围墙，开了一道木门，进去之后是一处小院子，有坐西向东的正房3间，一楼一底，楼上有回廊。楼房正对东方，早起的时候，一道日光直照进来，别有味道。楼房后面的窗子则正对西方，远望出去，依稀可见滇池和西山。屋后是古老的苍松翠柏，还有群山良田环绕，环境极为幽美。冰心一看，很是满意。几番周折之下，便在此地租住了下来。

一家人终于有了落脚之所，虽然此处僻静，但也相对安定。冰心看着门前“华氏墓庐”的牌子，心里默念，从几年前远游欧美到如今颠沛流离，世事动荡，一个柔弱女子只有沉默——这“墓庐”岂非如同“默庐”了？随改之。然而，真能再沉默下去吗？她又拿起了手中的笔。

> “呈贡山居的环境，实在比我北平西郊的住所，还静，还美。”“我的寓楼，后窗朝西，书案便设在窗下，只在窗下，呈贡八景，已可见其三，北望是‘凤岭松峦’，前望是‘海潮夕照’，南望是‘渔浦星灯’。”

冰心在《默庐试笔》中这样写道，然后她文锋一转：

默庐

"在这里住得妥帖，快乐，安稳，而旧友来到，欣赏默庐之外，谈锋又往往引到北平。""……我离开北平以后，从未梦见过北平，足见我控制得相当之决绝——而且我试笔之顷，意马奔驰，在我自己惊觉之先，我已在纸上写出我是在苦恋着北平。""北平死去了！我至爱苦恋的北平，在不挣扎不抵抗之后，断续呻吟了几声，便恹然死去了！""五光十色的旗帜都高高的悬起了：日本旗，意大利旗，美国旗，英国旗，黄卍字旗，红十字旗……""我恨了这美丽尊严的皮囊，躯壳！我走，我回顾这尊严美丽，瞠目瞪视的皮囊，没有一星留恋。在那高山丛林中，我仰首看到了一面飘扬的旗帜，我站在旗影下，我走，我要走到天之涯，地之角，抖拂身上的怨尘恨土，深深的呼吸一下兴奋新鲜的朝气；我再走，我要掮着这方旗帜，来招集一星星的尊严美丽的灵魂，杀入那美丽尊严的躯壳！"

国破城犹在，旗换花鸟惊！远在云南的冰心依然苦恋着北平，恨不能掮着旗帜，杀入北平"那美丽尊严的躯壳"！只是，她一个弱女子，除了将手中的笔作为匕首，刺破宁静的文坛夜空之外，还能做什么？她想到了教育。

随着昆明的疏散，呈贡的居住人口剧增，呈贡简易师范学校的学生也随之增加。学校的校长得知冰心来到此地，便慕名前来拜访，并请冰心担任学校的教师，加强师资力量，缓解教学压力。冰心一听，欣然应允。这时，校长倒不好意思起来，坦承学校经费紧张，教师的工资会很低，生怕冰心介意。冰心毫不犹豫地说："我到学校义务教课，不要任何报酬。"

就这样，冰心重新拿起教鞭，前往呈贡简易师范学校授课。

尽管学校的课程比起燕大来说简单不少，但她依然用心备课，尽心授课。后来她发现学校只招收男生，不招收女生，便向学校领导建议，谈时代的发展离不开教育的平等，并说起北平学校的办学模式。通过她的不断努力，学校不久后便开始招收女生。

此外，冰心为学校写了校歌：“西山苍苍滇海长，绿原上面是家乡。师生济济聚一堂，切磋弦诵乐未央。谨信弘毅，校训莫忘。来日正多艰，任重道又远，努力奋发自强，为己（引者注：后改为‘为国’）造福，为校（引者注：后改为‘为民’）增光。”题了校训：“谨信弘毅”。晚年，冰心又补了“任重道远”，题给学校。

在呈贡的日子里，因为僻静而且空间不小，“冰心默庐”倒是常“谈笑有鸿儒”。西南联大、云南大学的教授们，还有从北平过来的老朋友常来此聚会。

1940年8月的一天，冰心收到了一封自北平来的信：父亲谢葆璋已于8月4日仙逝。冰心闻讯，极度悲痛，尚未读完，一口血竟涌上来了。一代海军名将，最后在沦陷的北平孤独地离去，连最爱的女儿也无法回去奔丧。战争的罪恶在普通人身上的投射是如此直接和残酷！

年底，冰心还未从悲伤中恢复过来，又意外收到了友人从重庆的来信，言及宋美龄领导的“新运妇女指导会”缺少一名文化事业组组长，希望冰心能到重庆去担任此职。随信而来的是，宋美龄以威尔斯利女子学院校友的名义，除了表示关切和钦慕之外，主要是邀请冰心到重庆去参加抗日工作。

此时，吴文藻由于靠庚款资助在云南大学办的“人类学讲座”受到干扰，无法继续下去，同庚款委员会派来的研究人员共同进行的研究工作也停止了。而吴文藻的两位同学好友顾一樵和浦薛凤，已先去了重庆参加工作，也都来信动员吴文藻到国防最高委员会参事室去担任研究工作。

于是，冰心、吴文藻一家动身前往彼时抗战的中心重庆。

冰心一家人刚到重庆落脚，宋美龄便以同学的身份来请冰心去曾家岩官邸会面。宋美龄曾于1914年到1918年在威尔斯利女子学院就读本科，话题自然从威校谈起，继而询问冰心从昆明到重庆的情况，了解到冰心目前暂住友人家里。宋美龄便令人找来陈布雷（时任蒋介石侍从室第二处主任），安排冰心的住处，这才转入正题，说明妇女指导委员会的工作性质，让冰心接替沈兹九，担任委员会文化事业组的组长。冰心看这是一个实实在在的抗日机构，便慨然应允。

不久，冰心还以“信望久著之人员”（即“社会贤达”），遴选为第二届国民参政会参政员。国民参政会是战时全国团结对外的民意机构，只有询问、建议之权，并无多少实权实事。对冰心来说，这倒是一个交友会面的平台，共产党人

“新运妇女指导会”，全称“新生活运动促进总会妇女指导委员会”，又简称“新运妇指会”。由于指导长宋美龄的关系，妇指会汇集了各路女界精英，也做了许多工作，前线劳军，慰问伤员，救护儿童，训练妇女干部，出版刊物等，在抗战及支援抗战中很有成就，也很有影响，甚至被当时中国共产党所办的《新华日报》称为“全国妇女动员的总机构”。

和很多民主人士，都把这里作为宣传抗日爱国、反映人民呼声的讲坛。

1940年12月7日，中华全国文艺界抗敌协会借中法比瑞同学会之机举行茶话会，欢迎茅盾、冰心、巴金、徐迟等来渝作家。到会者还有周恩来、郭沫若、老舍、吴文藻、田汉、张西曼、冯乃超等70余人。在这里，冰心第一次见到周恩来，她后来回忆道："会开始不久，总理从郊外匆匆地赶来。他一进到会场，就像一道阳光射进阴暗的屋子里那样，里面的气氛顿然不同了，人们欢喜活跃起来了！总理和我们几个人热情地握过手，讲了一些欢迎的话。这些话我已记不清了，因为这位磁石般的人物，一下子就把我的注意力吸引住了！只见他不论走到会场的哪一个角落，立刻就引起周围射来一双双钦佩的眼光，仰起一张张喜悦的笑脸。他是一股热流，一团火焰，给每个人以无限的光明和希望！这在当时雾都重庆的悲观、颓废、窒息的生活气氛之中，就像是一年难见几次的灿烂的阳光！"

后来，中华全国文艺界抗敌协会改选理事，通过信函选举的办法，选出在重庆的理事。冰心同郭沫若、老舍、茅盾、田汉、巴金等25人当选第三届理事。

1941年1月4日，震惊中外的"皖南事变"爆发，国民党掀起了第二次反共高潮。3月1日，国民参政会第一次大会召开。共产党的参政员集体拒绝参会，冰心由于旧病复发，也没有出席。

后来，在史良、刘清扬等革命派人士的秘密提醒之下，冰心察觉到妇指会已经变成国民党争权夺势的场所，遂递了辞呈，坚辞妇女指导委员会文化事业组组长的职务，甚至退还工资，举家搬到重庆郊外。

冰心的新居"歌乐山林家庙5号"就坐落在歌乐山的半山腰

处。她把这里称作“潜庐”，寓意潜藏而居。大大小小的6间屋子，在冰心的安排下井井有条，还单独辟出一间小书房，取名为“力构小窗”，这是因为她向来坚持“须有自来，不以力构”的写作原则。

此时，吴文藻的一位老同学刘英士在重庆主持《星期评论》（重庆版），梁实秋以子佳的笔名，在此开设专栏《雅舍小品》，颇得读者喜爱。刘英士便找上门来，希望冰心也在刊物上开设专栏。于是，在《星期评论》的第8期上，就刊出了《关于女人》的第一篇文章，是为《我最尊敬体贴她们》，署名“男士”。她为何不用笔名“冰心”，却改用“男士”呢？冰心后来说：“这几篇东西不是用‘冰心’的笔名来写，我可以‘不负责任’，开点玩笑时也可以自由一些。”“这就好像一个孩子，背着人人做了一件利己而不损人的淘气事儿，自己虽然很高兴，很痛快，但也只能对最知心的好朋友，悄悄地说说。”其实，除开这个原因，她还考虑到妇指会的事情，不愿意国民党当权者来纠缠她。

从1941年1月至12月，冰心陆续发表了9篇《关于女人》的文章，分别是：《我最尊敬体贴她们》《我的择偶条件》《我的母亲》《我的教师》《叫我老头子的弟妇》《请我自己想法子的弟妇》《使我心疼头痛的弟妇》《我的奶娘》《我的同班》。

文章甫一面世，便受到了文化界和广大读者的热烈欢迎。叶圣陶就以翰先为笔名，在《国文杂志》上，把《我的同班》作为范文，进行了评讲。叶圣陶评论道：“‘男士’当然是笔名，究竟是谁，无法考查。但据‘文坛消息家’说，作者便是大家熟悉的冰心女士。从题取笔名的心理着想，也许是真的。现在假定他真，那末，冰心女士的作风改变了，她已经舍弃她的柔细清丽，转向着苍劲朴茂。”

1943年春，冰心又将《我的同学》《我的朋友的太太》《我的学生》《我的房东》《我的邻居》《张嫂》《我的朋友的母亲》7篇文章，与之前的9篇一起，由天地出版社发行了单行本《关于女人》。

这本《关于女人》，形象生动地描绘了14名形态各异的女性，文风幽默风趣，用笔老练精到，与她过去的作品风格有着明显的不同，因而在冰心的作品群中具有独特的艺术魅力，既在字

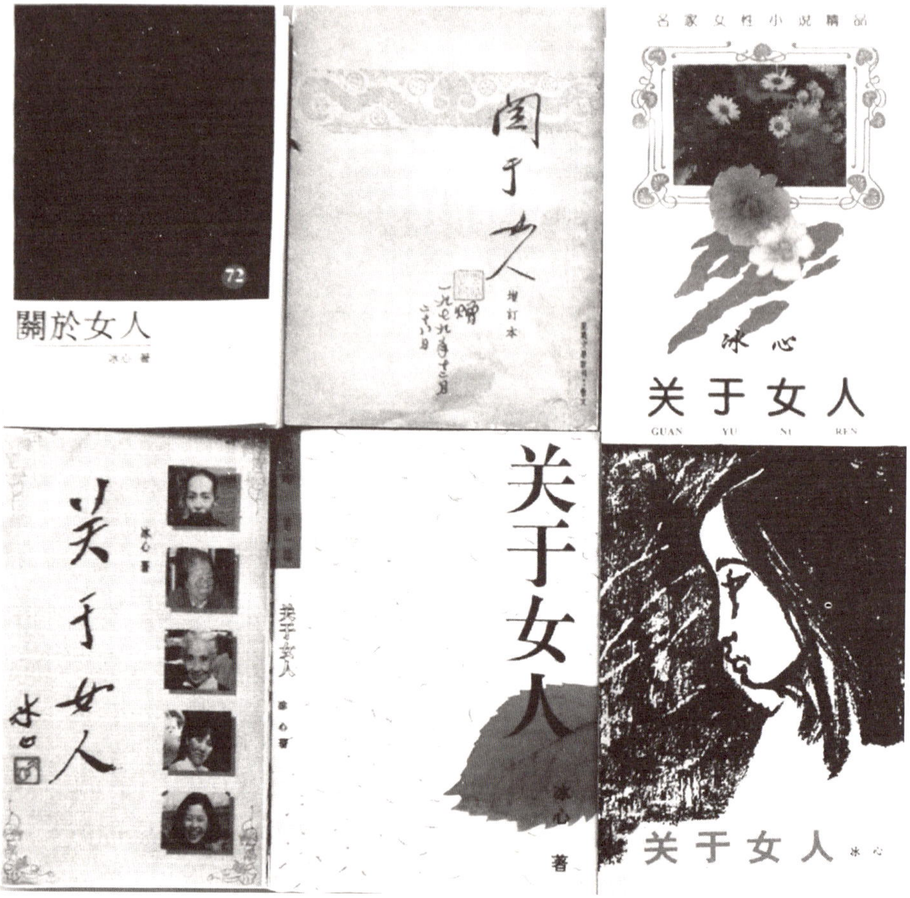

若干版本的《关于女人》（现藏于冰心文学馆）

里行间吐露出了自己真实的情形，而又不露痕迹，真是妙趣横生，引人入胜。很快，它就成了一本畅销书。冰心自己也说：“国内各报的‘文坛消息’上，都在鼓吹着‘《关于女人》销路极畅’，而在美国的女朋友，向我索书的时候，还摘录美国的文艺杂志，称誉《关于女人》为：‘The Best-Seller in Chungking’（重庆的畅销书）。”

歌乐山上的“潜庐”又一次成为文人学者乐此不疲的去处。老舍是最喜欢来的，也是最受冰心儿女们欢迎的客人，他们都亲切地喊他“舒伯伯”。有一次，老舍带来了郭沫若写的条幅，是给冰心的赠诗：

怪道新词少，病依江上楼。
碧帘锁烟霭，红烛映清波。
婉婉唱随乐，殷殷家国忧。
微怜松石瘦，贞静立山头。

首联说冰心当时因病而创作少了，修养在此，次联写了潜庐的景色，三联称赞冰心婉约的文风和忧国忧民的情怀，末联则赞誉冰心有着如松石般坚贞的品质、独立的人格，“贞静”地傲立在世事的山巅。

1945年8月15日，日本宣布无条件投降，中国沸腾了！重庆沸腾了！潜庐也沸腾了！冰心一家聚集在潜庐院子里，远处是重庆城内狂欢的人们无尽的欢呼声、鞭炮声、锣鼓声。冰心的内心早已澎湃不能自已，面上却如斯平静。她与吴文藻携手走回书房，坐了下来。国仇家恨了结之后，他们能为国家做些什么呢？

第八章

东渡扶桑 执教“红门”

（1946—1951）

日本投降后，冰心与吴文藻加入中国驻日代表团，赴日举办座谈会，发表文章，宣传“爱的哲学”，并成为最早在东京大学任教的外籍女性。

我们不能推诿我们的过失，不能逃避我们的责任，在信仰我们的儿女抬头请示我们的时候，我们是否以大无畏的精神，凛然告诉他们说，战争是不道德的，仇恨是无终止的，暴力和侵略，终久是失败的？

我们是否又慈蔼温柔的对他们说：世界是和平的，人类是自由的，民族与民族，国家与国家之间，只有爱，只有互助，才能达到永久的安乐与和平？

——冰心：《给日本的女性》

1945年9月2日，日本正式投降，由中英美苏四国共管。各国都要指派一个军事代表团到日本。

此后，吴文藻应盟国对日委员会中华民国驻日代表团团长朱世明的邀请，出任第二组（政治外交）组长兼任盟国对日委员会中国代表。朱世明是吴文藻在清华时的同学，他的夫人谢文秋又是冰心的同窗好友。吴文藻接受此邀请，动了社会学研究的念头，想去考察日本的天皇制度、新宪法、新政党、财阀体制以及工人运动的情况。

随后，吴文藻从南京随代表团远赴日本东京。冰心带着儿子吴平、大女儿吴冰回北平（小女儿吴青暂留南京），先住在大弟媳杨建华家里，略做修整，很快回到燕大旧所。她心里还挂念着藏在图书馆阁楼里的15个大木箱子。可惜早已被日本人洗劫，空空如也。对于作家和学者来说，没有什么损失能比丢失了最心爱的书籍和资料更重大的了。直到晚年，冰心还对此念念不忘，写了《丢不掉的珍宝》一文。

1946年10月，冰心将儿子送到北平灯市口育英中学，大女儿送到贝满女中，托付给杨建华照顾，她自己带着小女儿，先到南京小住，之后便作为中国驻日代表团的家眷，于11月9日从上海前往东京。这是冰心第三次到日本，第一次是1923年，第二次是1936年。

夜幕下的东京，灰暗寂寞荒凉。车子缓缓地开进东京城区，冷冷清清的街道更是一片狼藉。冰心的心里莫名地心惊，起了无名的怒火：战争不仅给中国人民带来了灾难，同样给日本的普通民众带去了无法抹去的痛苦。冰心在后来的文中写道：“那是一九四六年的冬天，我在一个灰黯的黄昏，到达羽田机场，一片寂寞荒凉的地面，只有穿着军服的美国人，在趾高气扬地来来往往。从羽田到东京的路上，汽车在崎岖的大道上飞驰，穿过轰炸后的废墟，两旁没有一星灯火，路边没有一个行人！在到达东京市内的时候，我看见路旁的瓦砾场中，有一座焚余的洋灰储藏室，小塔似地孤立着，半开的铁门，仿佛是一只无神的眼睛，向着无边的黑暗瞪视。白天我出去看看，战前最繁华的银座街，大百货公司中几乎空无所有，倒是行人道边的贩卖纪念品的小摊上，闹闹嚷嚷，尽是歪戴着船形帽的美国兵，高声嬉笑地拥来拥去。这一年的除夕，我又到银座，想看看除夕有什么景象，我所看到的是一条黑暗死寂的街市，只有缩着头的警察顶着寒风，提着昏暗的灯笼，在空虚的大道上彳亍地走着。这夜虽然没有听见辞岁的钟声——寺庙里的铜钟，都被迫捐献出来做了武器了——我也没有睡着！”［《日本归来》，《冰心全集》（第四册）］

驻日中国代表团团长朱世明、远东军事法庭中国法官梅汝璈、东京审判中国检察官向哲濬（明思）、盟军总部中国联络官王淡如及代表团中的清华同学，为冰心一家的到来设宴接风，同时邀请他们前往箱根度周末。

1949年元旦，冰心一家在日本东京（左一为儿子吴平，左二为小女儿吴青，左四为大女儿吴冰）

从箱根回到东京，消息灵通的记者们闻风而动，纷纷前来采访冰心。11月18日，冰心接受日本《朝日新闻》记者采访。次日，一篇名为《女性的解放在于教育的普及——〈超人〉的作者谢冰心女士来东京》的报道面世。文章说，小说《超人》、诗集《繁星》出版20多年后，中国文坛第一流的女作家，享有声望的谢冰心女士，偕同她的丈夫驻日中国代表团第二组长吴文藻先生（前燕京大学教授）及其女宗黎小姐最近来日。谢女士在“七七事变”前结束了旅游，以后在昆明、重庆等“大后方”从事少年儿童教育，1941年被选为参政员云云。

此前，朱世明团长抵达日本，媒体没有发布消息，梅汝璈为此愤愤不平。现在见到冰心抵日的消息发布在日本重要媒体《朝日新闻》上，很是高兴。这是战后到日本访问的第一位中国作家。新闻界抓热点的这个做法，让梅汝璈深感有时作家比政治家更能引起社会的关注。

11月29日，东京政府特地举行了中日女作家座谈会，日本女作家们纷纷来与冰心会谈。在座谈会临近结束的时候，冰心说：“今天晚上非常愉快，关注中日的将来，决定其命运，女作家的任务是很大的。这不是说男人没有责任、没有力量，女人更应该来建设，因为她们真正能忍受痛苦，强壮有力。”

有一天，在中国代表团的接待处，来了一个日本的农村妇女，说是从很远的地方来到东京，特地要拜访冰心。

原来冰心到日本不久，曾应《朝日新闻》约稿，发表了《给日本的女性》一文。文章用抒情的笔调、婉约的文字，描述了自己来东京前的一段心路历程，在中国“八年的痛苦流离，深忧痛

恨”，使她坚信自己信奉的“爱的哲学”是安抚人心灵的良药。文中说：“世界上最大的威力，不是旋风般的飞机，巨雷般的大炮，鲨鱼般的战舰，以及一切摧残毁灭的武器……拥有最大威力的，还是飞机大炮后面，沉着的驾驶射击的，有血，有肉，有情感，有理智的人类。”“机器是无知的，人类是有爱的。”末了，冰心向战败国中同样遭受苦难的异国女性传达她内心深处永不改变的想法：“母亲的爱是慈爱的，是温柔的，是容忍的，是宽大的；但同时也是最严正的，最强烈的，最抵御的，最富有正义感的！”

文章的观点一目了然，冰心把未来的和平的希望都寄托在各国妇女中充满了正义感的母性光辉上，希望各国的母亲都来“阻止一切侵略者的麻醉蒙蔽的教育”，都来“阻止一切以神圣科学发明作为战争工具的制造”，都来“阻止一切使人类互相残杀毁灭的错误歪曲的宣传”。她希望全世界的母亲都要学会教育自己的孩子，让他们知道，战争是不道德的，仇恨是无终止的，暴力和侵略终究是要失败的，让他们知道：“世界是和平的，人类是自由的，民族与民族，国家与家之间，只有爱，只有互助，才能达到永久的安乐与和平。”最后，冰心向日本的女性提出：“让我们携起手来罢，我们要领导着我们天真纯洁的儿女们，在亚东满目荒凉的瓦砾场上，重建起一座殷实富丽的乡村和城市，隔着洋海，同情和爱的情感，像海风一样，永远和煦地交流！”

这位日本农妇就是在报纸上看到冰心的这一篇《给日本的女性》，深受感动和鼓舞。她在代表团人员的引导下来到冰心的住处，向冰心说明自己是看了报纸后，特意从乡下赶来东京，一定要见见这位写文章的同为女性的冰心本人。

冰心连忙紧紧握着这位农妇的手，坚定而有力。农妇激动得泪流满面，极其恳切地对冰心说：“我实在没有想到中国人民如此善良！我痛恨我的儿子到中国去作战，这样的战死，实在是一种羞辱！”说完这几句话，农妇便失声痛哭起来。冰心耐心地劝慰她，诉说着同为母亲的感受，让她的心情慢慢地平静下来。农妇却一再向冰心道歉，并表达感谢，临走的时候，深深地向冰心鞠躬行礼。

笔者对冰心的这段经历是从未怀疑的，因为有过类似的经历。2008年的某一天中午，位于福州市长乐冰心公园内的冰心文学馆展厅，来了一对日本母女。她们操着生硬的汉语，来询问参观的事宜。当时，中午时间没有预约的话，是不对外开放的。那位母亲略显激动，说了几句话，由女儿转述。原来，她们即将从长乐国际机场乘机飞回日本，在机场无意中听说50千米外的长乐市区有一座冰心文学馆，便毫不犹豫地打车从机场过来，借着乘机前的　点点时间，看看冰心文学馆，看看冰心。得知这个情况，笔者经过申请，便引导她们参观冰心文学馆展厅内的“冰心生平与创作展览”。

那位母亲进门看到冰心的塑像，放下随身的行李，领着女儿，面向冰心塑像深深地鞠躬行礼。之后，简单地浏览了展览。因为不认得太多中文，她们只是挑有冰心的图片，一张张地看下去。看着看着，笔者分明注意到那位母亲的眼睛里噙满了泪水。

参观很快就结束了。母女俩在得知是专门为她们开放展厅之后，更是不住道谢。临走时，那母亲简单地说明了一下来由。原来，她的家就是在“二战”之中分崩离析，小时候无依无靠，是冰心的文章给了她生活下去的勇气和毅力，让她能够坚定地走出人生的道路……

文字的力量是如此强大！更确切地说，是人类内心深处共同

的情感，对和平的共同向往，对生活的共同热爱，是如此的强大而毫无例外！

在日本，冰心还通过媒体，找到了她在威尔斯利女子学院时期的日本同学濑尾澄江。此时的濑尾澄江已经是东洋史学者三岛一氏的夫人。三岛澄江后来成为冰心家的常客，并且带来了其他朋友与记者。当时，盟国人员本不能直接与日本人接触和交往，但因为冰心与三岛澄江的友谊，这个规矩在这里被默默打破了。

由于战后日本食品奇缺，冰心总是留日本朋友在家吃饭。因此，在中国代表团当中，吴文藻家是最热闹的。每周四，冰心都组织小型家庭聚会，把日本的朋友找来一起参加，安排厨房准备丰盛的食物，不仅让客人能够饱餐一顿，还可以打包东西回去。

因为战争的隔绝，中日两国的作家对彼此都不熟悉，冰心借着与日本媒体良好的关系，经常跟佐多稻子、林芙美子等女作家交流，宣传中国文学，宣传中国人的和平理念。

一次座谈中，冰心再一次谈到了战争的责任问题，说："前几天来了一位日本年轻作家，他说：'作为日本人，这次战争使我们对中国惭愧不已。'但是我说：'这种想法是不可取的。参战的不是所有的日本人，而是一部分，也就是说不是'我们'，而是'他们'。'这是中国人，特别是知识分子普遍的认识。我们对日本的民众绝没有恨意，这种恨意只是针对一部分军阀。"在场的林芙美子马上就回应说："说实话，我今天是怀着一种不知该怎样和您交谈的沉重心情来到这儿的，但听了您的这番话后，我的心情舒畅多了。"冰心总是将战争的责任从普通民众身上卸下，让日本民众放松。而他们从冰心的话语中，感受到了冰心的善良，又从冰心身上看到了中国人民的善良。

在日本期间，冰心还多次接受日本记者、作家的访问，回答他们的提问，表达和平友好的善意，表达她对战争的态度、对仇恨的看法。日本女性和普通青年对冰心的印象极好，他们认为，当日本人民最为艰难的时候，是冰心通过文字和不断表达的语言，让他们看到了中国人民博大的胸襟、中华民族博大的精神、中国女性博大的母爱之情。

在中国国内，1947年5月，由于内战爆发，国民党统治区出现了空前的经济危机，通货膨胀到了惊人的地步。全国各地的大学生积极组织成立反内战、反饥饿委员会，开展声势浩大的罢课、游行、请愿活动，喊出“向饥饿宣战，向制造饥饿的人宣战”的战斗口号。国民党政府置广大青年学生的呼声于不顾，采取了各种镇压学生运动的措施。在5月20日，这场全国性的学生运动达到了高潮。早晨，数千名学生在南京中央大学和金陵大学集合起来，上街游行请愿。国民党当局实施暴力镇压，导致学生重伤19人，轻伤104人，遭毒打的500余人，被捕28人。同日，天津南开、北洋两校的游行学生，也遭到特务的殴打，许多人受伤。这场镇压学生运动导致的南京、天津的流血事件便是震惊中外的“五二〇惨案”。

讽刺的是，5月20日至6月2日，国民参政会第四届第三次大会在南京召开。这是国民政府还都南京之后首次举行的会议，实际上也是最后一次会议。冰心作为参政员，早早便接到会议通知，于是，冰心跟随已经卸任代表团团长的朱世明回到国内。她是“飞越重洋，从最远方赶来赴会的一位参政员”。

冰心本来希望在战后的参政会上，能够听到好的消息和好的建议，但现实情况却是，只要有人提起和平，就有人主张政府下讨伐令。而参政会会场外发生的“五二〇惨案”，冰心直到后来才知道，惨案就发生在自己的身边，极为震惊和愤慨。在以后几

天的会议里，冰心坐在会场的角落，默然无语。

参政会的会议结束之后，冰心便来到上海，住在好友赵清阁家，与顾毓琇（一樵）等老友相聚，也跟巴金、靳以、赵家璧等作家朋友们进行了会谈，朋友间交流着战后的国内外局势，一时间竟都相对无语。

小住上海，冰心便返回到北平，下榻在燕京大学的燕南园57号，参加了不少燕大的活动，刮起了一道“谢冰心旋风”。8月4日，冰心从上海飞到了东京。此前，日本著名学者仓石武四郎已将冰心的《寄小读者》译成日文，引起日本读者的兴趣，冰心到达日本京都后，仓石武四郎喜出望外，盛情邀请冰心为京都大学的学生们做一次演讲。推辞不过，冰心便接受了邀请，最后在东方文化研究所，她用汉语做了演讲，由仓石武四郎现场翻译。

同样是仓石武四郎，从1948年6月21日开始，在他的引荐下，日本东方学会东京支部和东京大学文学部中国文学研究室联合邀请冰心演讲，讲授“怎样欣赏中国文学”，前后共5次。6月21日和23日，讲“中国文学的背景”，6月25日，讲“中国旧文学的特征”，6月28日，讲“中国新文学的诞生”，6月30日，讲“中国新文学的特征”，吸引了众多日本中国文学专家、学者教师，以及中国文学爱好者和普通民众，特别是甚少参加社会活动的日本女性前来听讲。冰心在开场白中说：“中国国民性的特色，第一是爱好和平。本来世界上不能说有一个国家是爱好战争的。但有一天，一位外国朋友问我，‘为什么中国的诗歌里很少有歌颂战争的诗？’果然，中国的诗里关于歌颂战争的诗很少。不但夸奖武力的诗少，而且厌恶战争、怨恨战争的诗却很多很多……”

冰心凭着她深厚的文学功底，凭着对中国文学，特别是对诗歌深刻的理解和记忆，娓娓道来，讲演深受欢迎。冰心连续讲了5场，还未结束，要求出版讲演内容的呼声四起。因为冰心没有讲稿，仓石武四郎只好找来几份当时听讲人的现场笔录，回忆自己翻译的情况，先整理出一份讲稿，再请冰心修改定稿，交东京大日本雄辩会讲谈社出版。

1949年，仓石武四郎担任日本东京帝国大学中国文学部主任，便盛情聘请冰心到东京帝国大学任教半年，讲授有关中国文学的部分课程。第二次世界大战后，东京帝国大学改名为东京大学，开始招收女生，但在该校的历史上，还没有一位女教师。应约而来的冰心，讲授“中国新文学”课程，自然而然成为最早进入东京大学任教的外籍女性。

冰心在东京大学任教的同时，还应约参加许多社会活动。她还和两个女儿以及女儿的同学一起为日本的教科书编写了学习汉语的教材，录制了《中国语模范会话》的黑胶唱片。她与日本知识界、文学界、妇女界都保持着良好的关系，特别是面对日本普通青少年和妇女，冰心一再呼吁反对战争，呼唤同情与博爱、和平与安乐，受到日本各界的赞誉。

冰心被东京大学聘为讲师后在东京寓所的照片

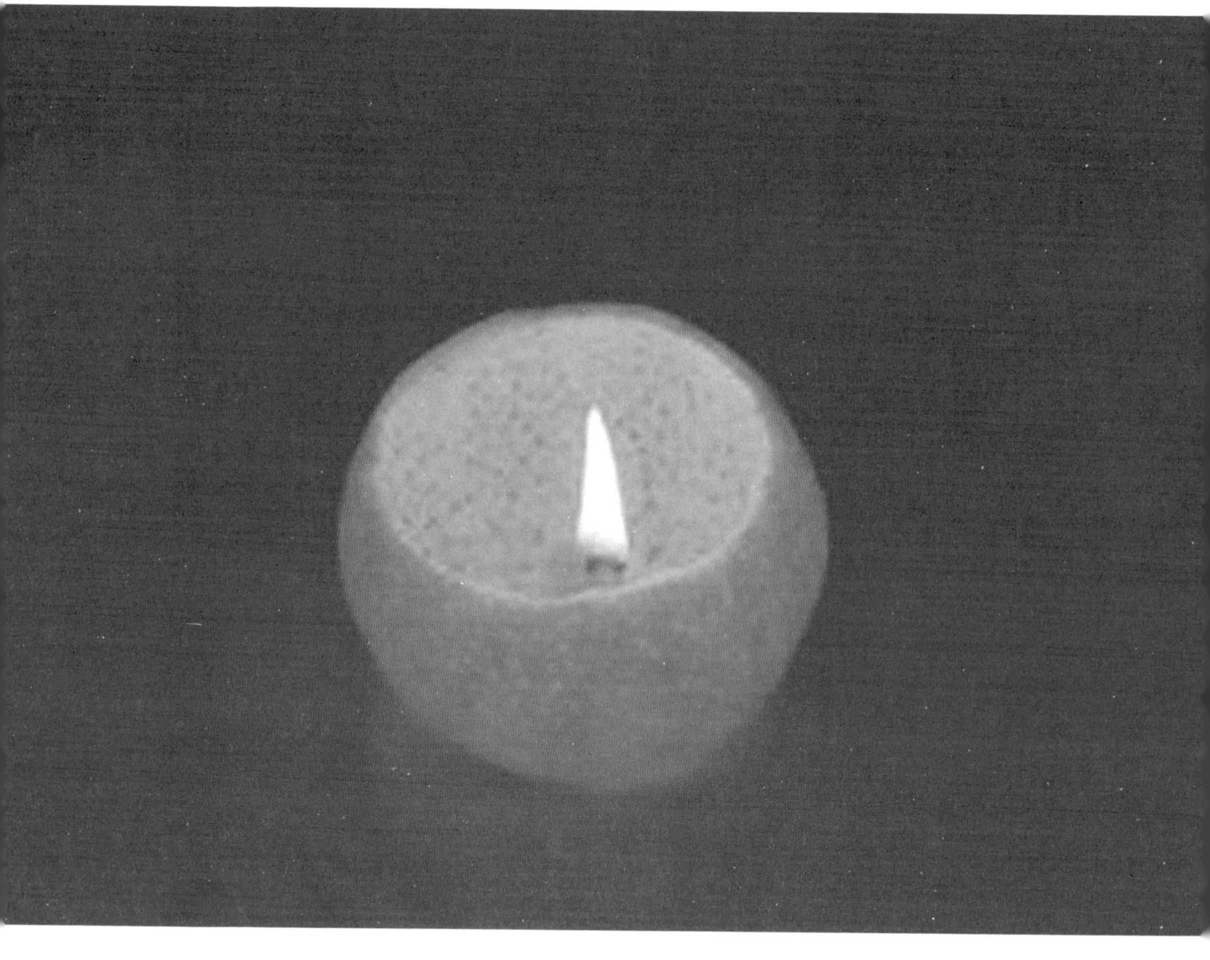

第九章

归来之后　文化使者

（1951—1966）

中华人民共和国成立后，冰心一家为了建设祖国，不辞辛劳从日本辗转回国。冰心开始更多地为儿童写作，积极建言献策，并在国际舞台上展现中国新时代女性形象。

提着这灵巧的小橘灯，慢慢地在黑暗潮湿的山路上走着。这朦胧的橘红的光，实在照不了多远，但这小姑娘的镇定、勇敢、乐观的精神鼓舞了我，我似乎觉得眼前有无限光明！

——冰心：《小橘灯》

1949年10月1日，毛泽东主席在北京天安门城楼上，庄严地向世界宣布：中华人民共和国中央人民政府成立了！中国人民从此站起来了！

远在异国他乡的吴文藻冰心夫妇听到这一特大喜讯，内心久久不能平静。

彼时，在中国驻日代表团成员中，有一位中共地下党员，叫谢南光。他与冰心夫妇关系很好，经常有意无意地带了毛主席的《新民主主义论》《论人民民主专政》《论持久战》等著作，给冰心夫妇看，同时不间断地向他们传递着祖国的好消息。他们一点点地向祖国靠拢。

这时，吴宗生已在东京的美国学校读完高中。许多朋友都向冰心夫妇提议把儿子送到美国上大学。但是冰心不同意，吴宗生也不同意，他们都想回中国去。不过，朋友的提议倒是给了冰心一个主意。

冰心先假意接受了朋友的提议，说要先送儿子到香港进修，并买了一张从日本神户开往香港的船票，让大家都以为吴宗生即将前往香港上学。实际上，在临行前，冰心、吴文藻特地写了一封信，缝在他的裤腰里，千叮万嘱他路上千万小心，一定要把信交到新中国的有关部门手中。

吴宗生所乘坐的船停靠在天津塘沽的时候，他便按父母的吩咐，摆脱其他人的视线，独自悄悄地下了船。然后，又自己一个人取道塘沽辗转回到了北京，在友人的帮助下，与新中国的有关方面取得了联系。儿子成了冰心夫妇与祖国联系的“桥梁”。

之后，吴宗生在相关部门的安排下，进入北京大学学习，根

据他自己的意愿，就读建筑系，后来又转入清华大学。因此，他既做了母亲的校友（中华人民共和国成立后，燕京大学并入北京大学），又成了父亲的校友。

此时身在日本的冰心夫妇，正心急如焚，一筹莫展。恰巧，有一天，美国耶鲁大学给吴文藻寄来聘书和路费，聘请他在该校外国地区研究系与国际问题研究所工作，同时安排他们全家赴美国定居。真是踏破铁鞋无觅处，得来全不费功夫。冰心夫妇故技重施，这一次就公开说要到美国去教书，冰心还特意到东京的国际学校为吴宗远、吴宗黎办理转学手续，并说早已安排妥当，准备转到美国耶鲁大学附近的女子中学去。不了解内情的吴宗黎十分不理解，冲进父亲的房间质问，说你们平时老说美国怎么怎么不好，现在却还是要去美国——要去，你们去，我不去，我要回祖国！但是，真正的想法在那时又怎么能让小孩子知晓呢？

按照程序，吴文藻向台湾当局申请签发赴美国任教移居的“签证”。台湾方面没看出问题来，以为他们真要去美国，一个星期左右就批准了。在东京的住所里，冰心和吴文藻正紧张而秘密地收拾着。吴文藻连一张纸片也不放过，几年来他收集来的所有资料，不论是社会学材料还是政治文件都由他亲手装箱。最后，装完一清点，居然又是15箱！想当初，在北平，日本人取走了他们珍藏的15箱“珍宝”；现在，他们要从日本带回同样是“珍宝”的15箱珍贵文件——这应该算是送给新中国的一份厚礼吧！细致的吴文藻一一编号，并且记住了每一箱中装的东西，因为箱子都是一个样式，也只有吴文藻一个人知道每一个箱子的分量。除此之外的其他物品，诸如貂皮大衣与手袋，收音机、缝纫机、压面机、英文打字机等，还有日本的古玩、字画、书刊这些，则是装在另外式样的箱子里。另外，汽车送给了谢南光，家具也原封不动地留下。

准备妥当后，8月23日，为了不引起国民党方面的怀疑，冰心又声称要先到香港置装。在日本的横滨港码头，吴文藻、冰心、吴宗远、吴宗黎登上了一艘印度的轮船，悄然无息地离开了日本，前往香港。

8月28日，轮船在香港停靠，大陆驻港的工作人员把冰心一家接走。当时香港移民局对过往人员控制很严，必须有人担保，方可入境。大陆有关方面早已请了定居香港、并且跟冰心熟识的原燕京大学国文系主任马鉴出面担保，马鉴的儿子马蒙还前去办理了有关手续，海关才准予入境。为了躲避监视，保守回国秘密，冰心一家没有住进宾馆，而是选择在友人家住下。与此同时，吴文藻为了不影响耶鲁大学的安排，赶紧将收到的聘书和2000美元路费又退了回去。

9月，冰心一家从香港辗转广东，到达天津，被安排在马场道附近一处僻静的招待所里，由安全部门负责安排，不露面，不见媒体，不写文章。有关负责人表示，他们的回归，对新中国而言是个好消息，党和政府非常欢迎，但由于对接任务的需要，以及还有与二人相识的进步人士暂留日本，所以，需要隐名埋姓。因此，他们开始与外界隔绝，吴文藻则把那15箱宝贵的资料交给了有关部门，算是了却了一桩心愿。此后大概将近两年的时间里，为了保护和不受影响，冰心和吴文藻归国一事，一直处于保密状态。

在踏上祖国土地的那一刻，当第一次见到鲜艳的五星红旗时，冰心的内心是无比的激动与幸福，她写道：“这是我朝思暮想的第一面五星红旗！从黑暗走向光明，我感到眼花缭乱！”

1951年冬，冰心一家终于回到北京，与先期到来的儿子团聚了。他们一起被安排住进崇文门内洋溢胡同7号一座四合院里，两个女儿也被安排到北京女子第十三中学就读，学校的前身是北京慕贞女中，只是要求不能用原来的名字，吴宗远改名吴冰、吴宗黎改名吴青，吴宗生也改名叫吴平了。

1952年初夏的一天傍晚，中央军委联络与情报部门的负责人罗青长专程来接冰心夫妇到中南海西花厅。周恩来总理和夫人邓颖超要跟他们会面。总理见面的第一句话是，你们回来了，好啊！这“回来”二字，顿时令冰心和吴文藻放下了紧张的心情，这是对他们不见外啊。随后，周总理详细地询问了他们在日本的情况，尽管相关的内容他早已了然于胸。冰心和吴文藻就把这段经历简单地向周总理做了汇报。周总理说：“你们在日本，为我们国家做了许多有益的工作，你们是有贡献的。”甚至，他还跟冰心谈起十几年前在重庆文协会上见面的情形。冰心吃惊不小，仅此一面之缘，总理居然如数家珍，怎不令她心潮激荡呢？周总理还问起冰心的两个女儿：“她们想学什么？”“大的想学历史，小的想学医。”冰心如实回答。周总理想了想，说：“年轻人从外国学来的语言，口音比较正确，你是不是可以跟孩子们商量商量，她们可不可以念外语？”后来，吴冰和吴青都读了外语专业，并成为北京外国语学院的教授。

见了总理之后，冰心家里陆续有闻讯而来的老友登门拜访。

除了老舍、郑振铎、叶圣陶、曹禺、丁玲等人，还有吴文藻的同学和学生潘光旦、费孝通、林耀华等也常来。1953年7月，经由丁玲、老舍介绍，冰心加入中华全国文学工作者协会（简称全国文协，同年10月后改名中国作家协会）。会议当天，全国文协为冰心入会另行举行了欢迎茶会，冰心见到了老朋友巴金。

也是在这个月，冰心着手创作中篇小说《陶奇的暑期日记》。其实，在回国以后，冰心便经常思考，作为一名女性作家，她到底能为新生的中国和刚刚走出困境的中国人民做些什么？这篇小说，正是冰心在长时间思考之后得出的结论，她开始进行有意识的主动性写作——为孩子写作，为儿童发声。冰心认为："给儿童写作，对象虽小，意义却不小，因为，儿童是大树的幼芽，为儿童服务的作品，必须激发他们高尚美好的情操，而描写的又必须是他们的日常生活中所接触关心，而能够理解、接受的事情。"

现藏于冰心文学馆的《陶奇的暑期日记》初版本

《陶奇的暑期日记》无疑是冰心为少年儿童写就的一篇力作。"陶奇"谐音"淘气"，小姑娘陶奇在期末拿到成绩报告之后，被张老师叫到办公室谈话。张老师认为陶奇在作文方面没有发挥好，就送给她一本自己亲自订的日记本，让她坚持写暑期日记，练好作文。于是，陶奇就把暑假里发生的有趣、有意义的事情写在了日记本上。最后，暑期日记大功告成，陶奇也认识到了生活与做人的真谛。有些小读者看完《陶奇的暑期日记》，颇不服气，说要是由自己来写，一定比陶奇写得好！——他们真的把“陶奇”的日记当成“真”的陶奇的日记了呢。

1953年9月23日至10月4日，中国文学艺术工作者第二次代表大会在北京举行。冰心作为代表出席了大会，并在会上发言。经过推选，她被选为中国文学艺术界第二届全国委员会委员，同时参加了全国文协会员代表大会。归来之后，冰心首次公开露面，参加文学与社会活动。

也是在这次大会的简报上，冰心的名字和她的发言首次公开展示出来。消失了多年的女作家冰心，终于浮出了水面，现身北京，投身到新中国的建设事业中。香港《大公报》以北京专讯的方式，首发署名耕野的《女作家谢冰心回到了北京》，文章一面世，便在中国台湾、日本与美国等地引起反响。

10月，全国文协更名为中国作家协会，并正式成立。冰心分配在中国作协下设的儿童文学组工作，冰心、张天翼任组长。与此同时，吴文藻到中央民族学院担任教授。

一个月之后，应印度印中友好协会的邀请，中印友好协会派出访问团，对印度进行为期59天的访问。访问团成员共有6人，其中就有冰心，她代表的是新中国的新女性，要向国际社会展现中国女性温柔、美丽、睿智、贤惠、热爱生命与生活的形象。因此，她深感责任重大。

冰心果然不负众望，运用自己的外语特长，以不卑不亢的态度、成熟稳重而优雅得体的外交能力，赢得了众人的赞叹。访问团的副团长夏衍对冰心的外交能力与魅力十分佩服，说她“使我这个干了多年外事工作的人感到佩服。她那种不亢不卑，既有幽默又有节制的风度，我认为在这方面，我们文艺队伍中，可以说很少有人能和她比拟的”。

回到北京，有关方面对访问团的工作进行了小结，从团长到团员、从副总理到外长，都对冰心的外交能力给予高度的评价，认为她为新中国的妇女争光，也为新中国的形象添彩。这一次在外交舞台上出色的表现，用当时的话来说，是“让祖国满意”。

此后，冰心作为新中国外交舞台上的女性形象大使，不断出现在各类代表团中，向世界传递着新中国女性的声音。1955年4月，她再次被派往印度，参加以郭沫若为团长的中国代表团，出席在新德里召开的亚洲团结会议。六七月间，参加以李德全为团长的中国妇女代表团，前往洛桑出席世界母亲大会，对瑞士、法国、苏联、捷克进行访问。8月，再赴日本，出席禁止原子弹和氢弹世界大会。此后，从1957年开始到1963年，冰心曾代表中国先后前往埃及、瑞士、意大利、英国、苏联、日本等国家出席国际会议，进行参观访问和文化交流，成为新中国外事活动中的一道优雅靓丽的风景线。

1954年9月15日，中华人民共和国第一届全国人民代表大会开幕，冰心作为福建组的一员当选全国人民代表大会代表。一年之后的11月底，冰心作为全国人大代表回到福建视察。“少小离家老大回”，她阔别故乡已经42年了。当再次踏上福州的土地时，她再一次看到“天下之最”的福州的健美的农妇：“她们皮

肤白皙，乌黑的头发上插着上左右三条刀刃般雪亮的银簪子，穿着青色的衣裤，赤着脚，袖口和裤腿都挽了起来，肩上挑的是菜筐、水桶以及各种各色可以用肩膀挑起来的东西，健步如飞，充分挥洒出解放了的妇女的气派！这和我在山东看到的小脚女人跪在田地里做活的光景，心理上的苦乐有天壤之别。我的心底涌出了一种说不出来的痛快！在以后的几十年中，我也见到了日本、美国、英国、法国和苏联的农村妇女，觉得天下没有一个国家的农村妇女，能和我故乡的‘三条簪’相比，在俊俏上，在勇健上，在打扮上，都差得太远了！”

在之后的一个月时间里，冰心参加了福州航管局职工子弟小学的少年造船厂的开工典礼，访问了鼓山后屿乡第二中心小学的少年农场、鳝樟乡少年园艺场、福州第四中学、台江万寿小学少年工厂，参观了鼓山的涌泉寺、西湖公园、闽侯的雪峰山、福建师范学院、省立医院等，观看了福州运动会的体操表演，参加诗歌朗诵会，出席了福州军区举行的中华人民共和国成立以来首次军官授衔典礼。同时，福建文化、教育界为冰心召开了盛大的欢迎会。

12月底，她从福州到厦门，在集美拜访了陈嘉庚，参观了集美学村和鳌园，在厦门岛内又参观了厦门大学、鲁迅纪念馆、鼓浪屿、英雄山等地，所到之处，迎接她的都是来自故乡亲人们的欢声笑语。

这次还乡之行，给冰心留下了深刻的印象。她不仅写作并出版了《还乡杂记》，还留下了珍贵的还乡日记。

面对着日新月异的祖国建设，冰心一次次拿起手中的笔，为祖国颂歌，为儿童写作。曾多次被选入中学语文教材的《小橘灯》，就是一篇适合少年儿童品读的佳作，原载于1957年1月31日的《中国少年报》，是冰心的应约之作。故事发生在1945年春节前夕，“我”在重庆郊外偶遇一位小姑娘，她在父失母病的艰难困苦中依然保持着勇敢、镇定、乐观的精神，文章通过一盏小橘灯与其自然而巧妙地结合起来，寓意小橘灯给夜行的人照亮前进的道路，而小姑娘的美好人格则为人们带来了无穷的力量和信心。作品不事雕琢，语言通俗易懂，自然流畅，以简驭繁，一经刊发，小读者们的来信如雪花般纷至沓来。

让人颇为意外的是，《小橘灯》的文体属于散文还是小说，至今仍有争议。纵观冰心一生所作，散文凡900余篇，在其创作生涯中，基本上月均1篇；而可以被视为小说的作品，仅70余篇，差不多年均1篇，比之散文，是不能等量齐观的。同样，冰心在此时期创作的作品以散文居多，《观舞记》《樱花赞》《拾穗小札》等等美文佳作问世，广受好评，多次被选入中小学生课文。

中國少年報
小橘灯
冰心

《小橘灯》（首发于《中国少年报》1957年1月31日）

值得一提的还有《再寄小读者》的20篇通讯，写于1958年3月11日至1960年3月27日。其实，在1942年12月12日至1944年12月

1日，冰心就曾写过一组《再寄小读者》的4篇通讯。这次重写《再寄小读者》，距离上一次已有16年；距离冰心最早的《寄小读者》，则已经过去了35年。当她应《人民日报》副刊编辑之约，再次写作《再寄小读者》时，祖国已旧貌换新颜。她深有感触，心情激动，觉得“鼻子里有点发辣，眼睛里有点发酸”。但是，与之前《寄小读者》所不同的是，她不再用缠绵的笔调抒写母爱和乡愁，而是用开朗乐观的心态，来描写她前往亚欧非各地的所见所闻，教给小读者们关于历史、地理、风俗的知识，用娓娓道来的文字跟小读者们讲六一儿童节，关于七一党的生日，关于暑假读书计划，关于努力学习语文课，关于天安门广场，关于十一国庆节等等类似长辈的谈心，有意识地深化爱国主义的教育。总之，文字依旧，爱国爱乡爱家爱孩子的心情依旧。

此外，这一时期，冰心还将目光投向了外国文学的翻译，黎巴嫩诗人纪伯伦的《先知》、印度作家安纳德的《印度童话集》、印度作家泰戈尔的《吉檀迦利》和《园丁集》、尼泊尔诗人马亨德拉的《马亨德拉诗抄》等等经冰心之手相继传达给中国读者，由此播撒下中外交流的精神种子。

1956年的一天，冰心的老朋友雷洁琼来看望冰心和吴文藻，目的是动员夫妇二人参加中国民主促进会，加入多党合作和政治协商制度中去，为祖国的建设参政议政。当时，雷洁琼和丈夫严景耀都是中国民主促进会的发起人，同时分别担任民进中央委员会文教部和宣传部的副部长。在雷洁琼表明来意之后，冰心稍微有些犹豫，因为此前，民盟、九三学社等都来了老朋友邀请他们。雷洁琼明白她的意思，便跟她详细地解释：“民进成立时是以促进民主政治为主旨，主张实现和平、民主和统一。现在更是在共产党领导下的合法组织，我们的会员主要是文化、教育、科技工作者和中小学教师……”

基于对雷洁琼的信任，同时也是“教育”二字打动了冰心，她和吴文藻经过考虑，于1956年7月，由雷洁琼、严景耀介绍，正式加入中国民主促进会。8月，在民进的第二次全国代表大会上，冰心被选为中央委员。在之后的日子里，冰心积极建言献策，担任过民进中央委员会副主席，被推选为民进中央名誉主席。正如她所说的：“我愿以党外知识分子和民主党派成员的身份，坚持和党‘肝胆相照，荣辱与共’，同全国人民一起在空前的蓬勃朝气中，跟共产党走，走社会主义现代化建设的道路！”

1957年6月，全国发起一场反对“资产阶级右派”的政治运动。在这场运动中，冰心的丈夫吴文藻、三弟谢为楫、儿子吴平都被打成右派分子。

在这场运动冲击中，冰心并没有消沉下去。她仍旧出访，国内视察，当选全国人大代表，她相信历史是公正的。1959年12月，吴文藻摘掉了“右派”的帽子，1961年10月，儿子吴平也摘掉了“右派”的帽子。

第十章

历经坎坷 青春不老

（1966—1976）

在“文化大革命”中，冰心一家屡遭批斗，她两次被下放到“五七干校”。后来，她被请回北京，执行翻译任务并接待外宾。

那几年我们的翻译工作，是十年动乱的岁月中，最宁静、最惬意的日子！我们都在民院研究室的三楼上，伏案疾书，我和文藻的书桌是相对的，其余的人都在我们的隔壁或旁边。文藻和我每天早起八点到办公室，十二时回家午饭，饭后二时又回到办公室，下午六时才回家。那时我们的生活“规律”极了，大家都感到安定而没有虚度了光阴！

——冰心：《我的老伴——吴文藻（之二）》

历史的车轮再次出现了曲折。

1966年，“文化大革命”席卷而来。首当其冲的当属文艺界了，一夜之间，代表新中国女性形象的冰心成了“司徒雷登的干女儿”，丈夫吴文藻是“资产阶级反动学术权威”。

批斗来了，抄家来了，吴文藻的学术研究手稿、冰心一版再版的《寄小读者》，一股脑儿，有用的没用的，有皮的没字的，凡是“红卫兵小将”看着不顺眼的东西，全被洗劫一空。1966年9月6日，造反派将不知道从哪里抄来的一大堆物什，连同冰心家里的东西一起，胡乱摆了一通，搞了一个“吴文藻谢冰心资产阶级生活方式展览会”，对冰心进行批斗。

冰心在“文化大革命”中接受过5次批斗，其中有3次是集体批斗，跟许多作家、文艺家一起，另外有两次是单独批斗。然而，无论在什么情况下，瘦瘦小小柔柔弱弱的冰心尽管低着头，却总是尽量直着腰，坚定地站着，绝不许自己倒下来。

一天，冰心正在文联大楼下“劳动”，她的身后响起了一个清脆的童音：“谢奶奶，我看您来了！”在到处充斥着尖锐的、冷冰冰的、麻木的噪声的环境里，如此亲切而温柔的呼唤，让冰心对眼前的这个小女孩起了印象。

那是1964年1月8日，冰心在《北京晚报》上看到《他们虽然失去了父母》，写的是北京崇文区东唐洗泊街5号，周同山、同庆、同来、同贺、同义5个兄妹在失去父母之后，受到政府和周围人们的慈爱和关怀的故事。3天后，《人民日报》刊登了《孤儿不孤》的报道和《编后感》，进而轰动了全国。各地读者纷纷寄来了信件、物品和现款。《人民文学》编辑部就此事向冰心约稿，写一篇报告文学，早已深受感动的冰心欣然应允了。

在《人民文学》编辑部周明的陪同下，年逾花甲的冰心把自己的采访日程安排得满满当当。冰心的这次采访十分深入细致，严肃认真，大约半个月的时间里天天在东城和西郊往返，今天访问邻居大妈，明天访问街道干部，更关心几个孩子的学习和冷暖。前前后后，冰心采访了几十人之多。

6月12日，冰心的报告文学《咱们的五个孩子》刊登在《人民文学》6月号上。在访问这些孤儿的过程中，冰心同他们结下了深厚的情谊，不仅经常去看望他们，还在周末和节假日请他们到家里来，出国访问回来，也会给孩子们带回礼物。

眼前的这个小女孩就是周同庆。

小同庆快步走到冰心面前，扶着她，甜甜地问：“奶奶，

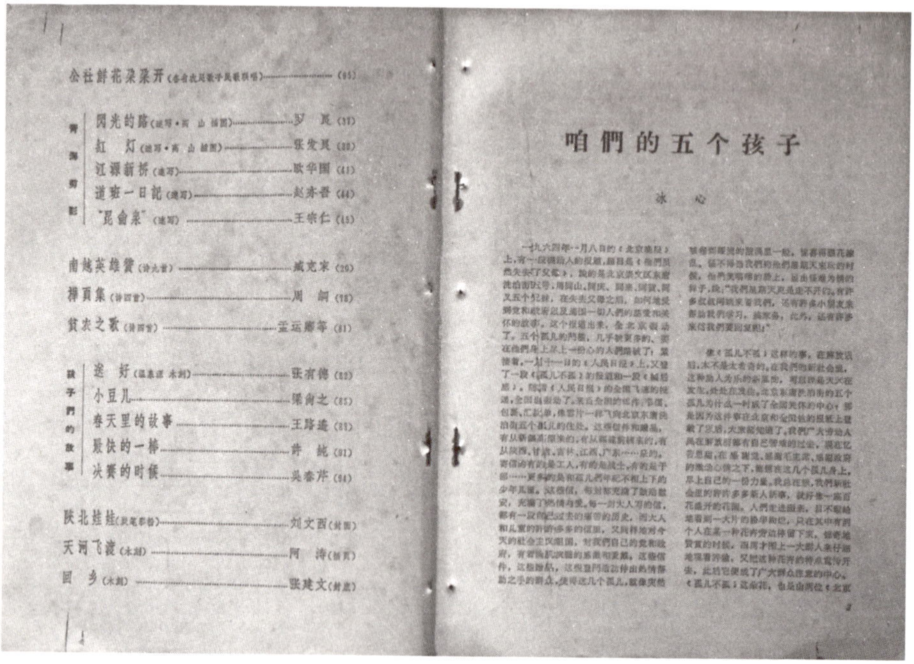

公社鲜花朵朵开 …… (95)

青海剪影
闪光的路 (速写) …… 罗 瓦 (37)
红 灯 (速写) …… 张发其 (38)
江源新桥 (速写) …… 欧华国 (41)
道班一日記 (速写) …… 赵寿昌 (44)
“昆仑来” (速写) …… 王宗仁 (15)

南越英雄贊 (诗九首) …… 臧克家 (20)
禅頁集 (诗四首) …… 周 纲 (78)
貧农之歌 (诗四首) …… 霍运卿等 (81)

孩子們的故事
送 好 …… 张有德 (82)
小豆儿 …… 梁尙之 (85)
春天里的故事 …… 王路遥 (88)
最快的一棒 …… 许 纯 (91)
决赛的时候 …… 吴春芹 (94)

陕北娃娃 …… 刘文西 (封面)
天河飞渡 (木刻) …… 阿 涛 (插頁)
回 乡 (木刻) …… 张建文 (封底)

咱們的五个孩子

冰 心

《咱们的五个孩子》（首发刊《人民文学》1964年6月号）

您好吗？”冰心的心里真像灌了蜜一样甜，回答道：“好，好，奶奶很好。”随后，她连忙说：“孩子，你赶快走吧，这不是个好地方，我会连累你的。”小同庆摇了摇头，坚定地说：“我不怕，谢奶奶，您是好人！”

这是小孩子内心真实的声音，冰心不禁流下了热泪。在迷茫而又曲折的道路上，小同庆的到来给了冰心极大的心理安慰和坚持抗争下去的勇气，给她留下了这一时期最深刻的记忆。

给冰心安慰的，还有敬爱的周总理。当时，在批斗中，有红卫兵一直质问冰心内战期间在日本的情况。冰心牢牢记住总理曾经的交代，无论如何都不能对这些情况透露半句，因此在红卫兵的百般折磨下，就是不为所动，三缄其口。后来有人把这个情况报告了中央，总理便下了指示，对她进行保护。

1970年初，冰心被下放到湖北咸宁文化部的“五七干校”。这个“五七干校”规模很大，有来自文化部的、文物局的、出版局的，有电影家、作家和艺术家等等，前前后后有6000多人。冰心算是年龄最大的了，因此她在那里主要的工作是看菜地，每天手持一把长杆，在菜地周围赶鸟赶鸡赶鸭，免得菜被偷吃了。还有就是挑水挑肥之类的体力活。冰心在这里住了38天。

后来，组织上考虑到照顾的关系，就把冰心调到吴文藻所在的中央民族大学的湖北沙洋“五七干校”。冰心和吴文藻相互扶持着，在那里度过了14个月的时间。在那里，冰心主要的工作是种棉花，拾麦穗，修公路……最后还去当了文化室的管理员。

令人感到敬佩的是，即使在这样的生活与社会的双重折磨之下，冰心仍然不忘国家和人民。周明曾回忆道：“冰心正在文联

大楼扫地时，她大概已经注意到了我，便迎上我，把我叫到楼梯口拐弯处，环顾四周无人，迅速将几张存款单交给我，要我替她上交国家。并悄声交代我说：‘这几万元存款，本是人民发给我的薪俸，我没有多少用处，子女们也都各有工资，更不需要。取之于民，还之于民吧，国家还可以拿这些钱投资搞建设。’临分手时，她又悄声叮嘱我说：‘这件事，你帮我办了，只让经手人知道，千万勿语他人。我不是为别的，不希望张扬。’她说这些话时，言辞是恳切的，态度是真诚的。”原来冰心得知国家正在修建成昆铁路，她希望能为国家建设尽自己一点绵薄之力。

远在北京的周总理一直关心着冰心，想方设法保护她。1971年，中美关系开始破冰，美国总统尼克松即将访华，为了做好准备，更好地与美国人沟通，党中央决定，翻译尼克松所著的《六次危机》，并翻译出版《世界史》和《世界史纲》两部著作。周总理想到了“五七干校”里的这些学贯中西的教授学者们，于是将翻译的任务交给中央民族大学。就此，身在沙洋“五七干校”的吴文藻、冰心、费孝通等教授专家们被请回了北京，着手进行翻译工作。

1971年8月，冰心回到北京，开始了学校和家里两点一线的简单生活，看似枯燥，实则是“最宁静、最惬意的日子”。说起冰心的外语水平，笔者曾问过身为北京外国语学院教授、参与创办过央视第一个英语教育栏目的冰心二女儿吴青，都说冰心先生的英语水平厉害，那比起吴文藻先生又如何？吴青教授爽朗一笑，不带犹豫，一脸自豪地说：“我妈妈的英语水平是国内超一流的，我爸爸的水平那是数一数二！”

此时的冰心，除了执行翻译任务之外，也开始被安排参加一些社会活动。因为对冰心的外语水平和外交能力早有肯定，上级就让冰心接待一些外宾，有波兰、意大利、美国、丹麦、印度、尼泊尔、苏丹、日本、瑞士、黎巴嫩、加拿大等国家的客人。

1973年的冰心

1972年秋季的一天，冰心参加招待外宾的宴会，到的时间早了一些，就在厅外等着。这时，周总理出来看见冰心，就招呼冰心一起“喝杯茶谈谈”。谈话中，总理问冰心：“你多大年纪了？”冰心回答：“我都72岁了！”总理笑着说：“我比你还大两岁呢。”接着他就语重心长地对冰心说：“冰心同志，你我年纪都不小了，对党对人民就只能是‘鞠躬尽瘁’这四个字呵！”

1975年1月，冰心当选第四届全国人民代表大会代表。总理在四届人大上做最后一次政治报告的那一天晚上，他站在主席台入场的门口，和进场的代表们一一握手。当冰心走到他跟前的时候，总理微笑地问：“冰心同志，身体好吗？”冰心回答：“我身体很好。”总理握着冰心的手，又叮咛了一句：“要好好地保重啊。”

总理的安慰和鼓励，让冰心一直怀抱着希望，度过那一段国家和个人生活中最黑暗的时期，终于盼到春回大地，花香满园。

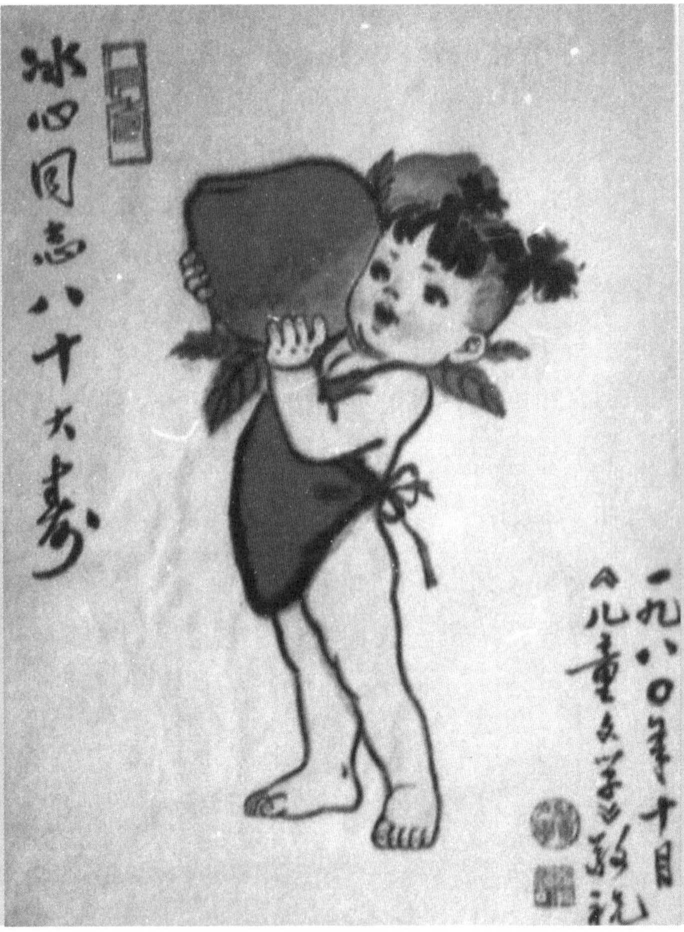
冰心同志八十大寿
一九八〇年十月
《儿童文学》敬祝

第十一章

耄耋之年 再现高峰

（1976—1990）

春回大地。冰心尽管外事活动频繁，也遭受伤病的困扰，但仍燃起创作的激情，为教育，为儿童，为妇女疾呼，关注社会现象，引起全社会的广泛共鸣。

西谚云："生命从40岁开始。"我想从1981年起，病好后再好好练习写字，练习走路。"生命从80岁开始"，努力与小朋友们一同前进！

——冰心：《生命从八十岁开始》

1976年10月，“四人帮”被粉碎了，结束“文化大革命”所带来的历史阴霾，文艺界也迎来了春天。冰心激动地说：“党中央一举粉碎了‘四人帮’，我们文艺工作者得到了第二次解放。我要加倍地努力，刻苦地工作，为繁荣社会主义文艺创作贡献自己的力量！”

1978年，冰心当选第五届全国人民代表大会代表、第五届政协全国委员会常务委员。虽然外事活动频繁，但她再度燃起了创作的激情，为教育疾呼，对儿童说话，替妇女进言，用自己的社会影响力为社会进步不懈努力。

重新拿起笔的冰心，首先想到的依然是孩子。由于“文化大革命”的影响，许多孩子缺乏正确的三观教育，缺乏基本的爱心精神。于是，冰心再次与小读者对话，在写《寄小读者》的55年后，写了《三寄小读者》。说是“三寄”，其实细数起来，该是“四寄”了。冰心说：“重新提起笔来写《三寄小读者》，心情还只能拿五十五年前所讲的：‘我心中莫可名状，我感到非常地荣幸’这句话来描述了！……半个多世纪过去了。我这一次的‘莫可名状’的心情，是‘宁静’多于‘兴奋’，‘喜悦’多于‘感喟’。”冰心写《三寄小读者》的目的非常明确，就是要对孩子进行“最基本内容的思想教育”。她认为：“这艰巨的任务，已经历史地落在了我们这一代儿童文学作家的身上。”

在《三寄小读者》的开篇，冰心便教育小朋友，要回到“五四”传统的道路上来，要发挥“科学与民主”。她教育小朋友对劳动人民要有敬畏之心，她教会孩子们如何使用时间，她教

导孩子们如何写作文……

10篇《三寄小读者》，冰心前后用了一年半的时间完成。从1923年的《寄小读者》到1978年的《三寄小读者》，都是冰心与小读者的直接对话，这其中一以贯之的，就是“爱心”，从乡愁中的“母爱”，到对祖国的热爱，再到对孩子的循循善诱，无一不是对孩子的爱。在冰心看来，教育孩子才是时代赋予儿童文学作家的重任。

由于“三寄”的作品针对性强，关系到社会关注的孩子问题，因而引起了人们尤其是青少年学生广泛的共鸣。一时间，全国各地写给冰心奶奶的信件纷至沓来，有时候一天就是几十封。很多孩子只在信封上写“冰心奶奶收”，也一样被邮递员们准确地送到了她的手上。

1987年，福建省建宁县一位叫谢冰姿的四年级女学生，给冰心寄来了她在报刊上发表的3篇习作，请求指教。冰心在收到这封信后，特地回了信：

冰姿小朋友：

你的信和文章都收到了，你的文章写得不错，还可求进步。不过有一件事，我要提醒你。你以后无论给什么人写信，都不要用公家的信笺和信封，这是公私不分，这样做不好！我得你信时还以为是建宁县人民政府的公文呢。你今年才10岁，要培养好这种道德，也许我言重，不过我从小是这样做的。希望你不只名字像我。匆复。并祝进步。

这封信被加了“编者按”，发表在《农村孩子报》上。冰心如此严厉地批评一个小女生“公私不分”，恰恰说明冰心对孩子的教育有怎样的一种发自内心的“爱”。

冰心在写作《三寄小读者》的时候，是带病上阵的。1980年6月12日凌晨3时半，冰心突感不适，右臂右脚抬不起来，被紧急送往北京医院。最后确诊为脑血栓，而且是发生在左脑，影响的是右边。这时，冰心首先想到的是，右手如果不能写字写作，如何是好？在静养了几个月后，9月6日，冰心下楼散步，听到后面有小朋友喊她的声音，回头时忽然感到腿软，在楼西头倒地，又被紧急送医。医院经过会诊，诊断为股骨颈骨折。主治医生提出两个治疗方案：一是保守疗法，用牵引的办法；另一种就是动手术，用一个不锈钢钉子把股骨颈固定起来。

令人意想不到的是，冰心不顾老伴、儿女和朋友的劝说，选择了手术治疗。经过骨科、神经科、内科医生会诊，按照有关规定，将手术方案向中央组织部、统战部、文化部和中国作协做了报告，最终上级同意冰心的决定。

手术很成功——只是，冰心却第一次在医院度过生日，而且还是八十大寿。10月29日，病榻上的冰心看着《儿童文学》的同志送来杨永青画的贺寿图，提笔写道：

亲爱的小朋友：

我每天在病榻上躺着，面对一幅极好看的画。这是一个满面笑容，穿着红兜肚，背上扛着一对大红桃的孩子，旁边写着“敬祝冰心同志八十大寿”，底下落款是“一九八〇年十月《儿童文学》敬祝”。

每天早晨醒来，在灿烂的阳光下看着它，使我快

乐，使我鼓舞，但是“八十”这两个字，总不能使我相信我竟然已经八十岁了！

……

我的病是在得了“脑血栓”之后，又把右胯骨摔折。因此行动、写字都很困难。写这几百字几乎用了半个小时，但我希望在一九八一年我完全康复之后，再努力给小朋友们写些东西。西谚云“生命从四十岁开始”。我想从一九八一年起，病好后再好好练习写字，练习走路。“生命从八十岁开始”，努力和小朋友们一同前进！

这段话，后来作为《三寄小读者》的序发表。这是如何豪迈的语言与壮阔的胸怀——她要和小朋友一起“练习写字，练习走路”，“一同前进”！

《儿童文学》送给冰心的贺寿图

在病患面前，冰心挺过来了。但是，吴文藻走了。1985年9月24日，与冰心携手56年的吴文藻安详地闭上了眼睛。吴文藻是中国社会学、人类学和民族学本土化、中国化的最早提倡者和积极实践者。他为中国社会学和民族学的发展培养了许多人才，做出了重要贡献。根据他的遗嘱，冰心将他生前的3万元存款作为中央民族学院民族学研究生奖学基金，并把他珍藏多年的图书资料捐献给中央民族学院。

在疾病和痛失亲人之际，冰心依然全身心投入文学创作中，创作又迎来了一个高峰，形成晚霞映天、蔚为壮观的景象。

1980年，冰心便以短篇小说《空巢》获得了当年的全国优秀短篇小说奖。热爱祖国、头脑冷静的冰心，在当时历史大发展的环境下，却看到了老年美籍华人精神寂寞的一面：他们虽然有洋房和汽车，却不能享受中国老人特别看重的天伦之乐。《空巢》里的美籍华人梁教授，老伴去世，儿子娶了一个意大利裔的儿媳妇，嫌带孩子麻烦，宁肯养两只波斯猫也不生孩子，回到家里，还要老人给她做饭。当梁教授回到祖国，看到了一家老友夫妻团聚，女儿孝顺，外孙女儿活泼，想想自己，对老友一家极为羡慕，不由得发出“你们这个‘巢’多满啊！”的感慨。由于其清醒的认识、艺术的手法，小说甫一问世，便获得了读者的赞誉。

空巢

冰心

现藏于冰心文学馆的《空巢》手稿

其后，冰心又连续写了《明子和咪子》《桥》《万般皆上品……——一个副教授的独白》《远来的和尚》

《落价》《干涉》等7篇各具特色的小说。她这一时期的创作从立意、内容、形式、语言等方面来说也超过以往作品。

同时，她还写了大量的回忆录，从福州到烟台，从北京到美国，从昆明到重庆……她用笔墨怀念自己一生中的重要经历，写得真切、动情。同时，还写了相当数量的人物回忆，感人至深。作为一位80多岁的老人，一位进出医院三回的老病号，她以顽强的毅力，不舍的热爱，创作了包括散文、回忆录、小说、评论在内的多达250余篇作品，字数计有40多万字。

在这些文章当中，教育和教师待遇问题一直是冰心最为关注的。1987年7月，冰心针对教师待遇低、教育不受重视的问题，发表了尖锐而深刻的讽刺小说《万般皆上品……——一个副教授的独白》，引起了社会强烈的反响。此后，她又接连发表了《我请求》《我感谢》《无士则如何》《落价》《远来的和尚》等文章，在全国教育界和社会上引起很多有识之士的共鸣。

其中，《万般皆上品……——一个副教授的独白》，以辛辣的笔触讽刺了当时中国社会“脑体倒挂”的不正常现象。对此，冰心认为，对教育不重视，知识不值钱，如何实现四个现代化？现代化首先得要教育先行！

《落价》则以当时年轻人流行的拜金主义为线索，描写了当时中国社会知识分子的境遇。从小说的创作来说，这是一篇非常经典的教科书式的短篇小说，可以说是“增一分太胖，减一分太瘦”，小说中的每一处地方都有它特定的作用。当时知识和知识分子的境遇，在这篇小说里得到完美的艺术化再现。而文末的点睛之笔“和破烂一样，我们是落价了”，更是把知识分子身处这种境遇中的诸般滋味用一句淡淡的“这我早就知道！”彰显出来。

《无士则如何》中，冰心写道：“不少领导人常说：无农不稳，无工不富，无商不活。其后，又有人加了一句：无兵不安。这些话都对，概括得也非常准确。可惜尚缺了个重要方面——无士怎么样呢？”冰心直言说，如果不重视“士”、不重视科学、教育、文化，德先生和赛先生就成了空谈，现代化也会流于纸上谈兵。

《远来的和尚》一文，对爱国知识分子不贪图国外的优厚待遇和优裕的生活，毅然回来建设自己的祖国的高尚品质，给予了由衷的赞扬；对装腔作势、沽名钓誉的人，进行了辛辣的嘲讽。这篇作品真切地反映了那段时间国内工作中存在的某些偏颇，以及知识分子在国内的地位。发表后，同样引起了人们的关注。

《落价》和《远来的和尚》连

“脑体倒挂”即从事脑力劳动的知识分子的收入，低于从事体力劳动的工人职员，有人调侃说“造原子弹的不如买鸡蛋的”，“开飞机的不如摆地摊的”，都是对这种现象的生动表述。

续两年（1987年和1988年）分别获《小说月报》优秀中短篇小说“南车杯”百花奖。

更值得一书的是《我请求》《我感谢》。1987年第9期《人民文学》上发表了一篇报告文学《神圣忧思录——中小学教育危机纪实》。这是作者在对中小学教育的现状进行深入调查基础上，真实地报告了因为政府对中小学教育缺乏足够的认识理解，投入很少，以致教育经费短缺，教师收入微薄，造成教师队伍人心涣散，后续乏人；因为对中小学教育和教师未能给予充分的重视，导致教师社会地位低下，造成教育神圣的传统观念面临危机等令人深思的现象。冰心在读了这篇报告文学之后，心情很不平静，感慨甚多，奋笔疾书，写就《我请求》一文。

由于《神圣忧思录》引起了社会极大关注，11月7日，《人民文学》邀请北京中小学教师举行作品座谈会，冰心应邀出席。但她行动不便，就把这篇《我请求》复写件送去，由《神圣忧思录》的责任编辑高远在会上宣读。与会者听罢，无不惊讶与感动：87岁的冰心如此关注教育。很快，《人民日报》于1987年11月14日发表了《我请求》一文，开篇就是“请求我们中国每一个知书识字的公民，都来读读”这篇报告文学。

见报之后，反响之强烈让冰心自己都深感意外。之后，她发表《我感谢》一文，说：“我几乎每天都能得到一两封小读者的来信，都是他们从课本上读到《寄小读者》或《小橘灯》的反响。没想到我得到大读者对我的作品反响最多的，却是这篇《我请求》！大约有好几十封吧，而且写信人多数不是教师。他们也都同情我的看法。”

1987年11月28日，国务院发出通知，决定将全国中小学教师和幼儿园教师现行的工资标准提高10%，“这个措施是为改善中小学教师生活待遇，促进基础教育事业的发展而采取的”，并明确从1987年10月起执行中小学教师和幼儿教师新的工资标准。冰心知道以后，心里感到很欣慰，或许这就是文字的力量吧。

第十二章

爱是一切 精神永驻

（1990—1999）

晚年的冰心仍与文艺界的许多新老朋友保持着深厚的友谊。1999 年 2 月 28 日，她以 99 岁高龄辞世，许多党和国家领导人及中外友人前来送别，并给予她高度评价。

有了爱就有了一切。

——冰心

1988年7月12日，北京图书馆的展览大厅里高朋满座，热闹非凡——“冰心文学创作生涯七十周年展览”即将在这里举行。中国文学艺术界联合会、中国作家协会、中华文学基金会、中国民主促进会中央委员会等单位赠送的花篮围满了大厅；雷洁琼来了，费孝通来了，艾青来了，萧乾来了……从年逾花甲的第一代“老”读者，到七八岁大的第五六代“小”读者，都来了。

冰心坐在小推车上，在人们的簇拥下，缓缓进入展览大厅。她看到这么多新老朋友，异常开心，风趣地说：“出嫁时，我未坐过轿，这一回算是坐上轿了，补过来了。”大家听了，一齐哈哈大笑。

冰心的“饼干小弟”萧乾在致辞中，动情地说：

> 八十年代的冰心大姐，还有巴金，是中国知识分子的良知的光辉代表。尽管她年奔九十，腿脚也不利落了，然而她不甘于躺在自己已有的荣誉上。不，她的笔片刻也没停过。在热情扶持青年创作之余，她仍在写着其重要性绝不亚于《寄小读者》或《超人》的醒世文章，如《我请求》《万般皆上品》《介绍三篇小说和三篇散文》……一位编辑曾对我说：“冰心老太太的文章好是好，就是烫手……”这就是说，她不写那种不疼不痒的文章。她的文章照例不长，可篇篇有分量。……读过《寄小读者》的人，都知道冰心大姐的哲学，中心是一个“爱”字。她爱大海，爱母亲，爱全国的小朋友，她更爱咱们这个多灾多难的祖国。……老年知识分子当中，还有冰心大姐这样敢于讲点不中听的话的作家，这是中华民族的希望。她永远不老，她那支笔也永远不

老，因为她的心紧紧贴着人民大众。

——引自萧乾《能爱才能恨——为〈冰心文学创作生涯七十年展览〉而作》

随后，萧乾为展览题词：“能爱才能恨。”

当天，让冰心甚为遗憾的是老朋友巴金未能前来。但他特地从上海打来电话，向冰心祝贺，还托人送来花篮，在红色的绸带上写着：“献给冰心姐”。

冰心与巴金，同为中国文坛的泰山北斗，有着长达66年的友谊。

冰心曾回忆起他们的相识：“我认识巴金是在三十年代初期，记得是在一个初夏的早晨，他同靳以一起来看我。那时我们都很年轻，我又比他们大几岁，便把他们当作小弟弟看待，谈起话来都很随便而自然。靳以很健谈，热情而活泼。巴金就比较沉默，腼腆而稍带些忧郁，那时我已经读到他的早期一些作品了，我深深地了解他。……他心里有一团愤怒的火，不写不行，他不是为了要做作家才写作的。”

巴金则说：“我是冰心的作品的爱读者（我从成都搭船去渝，经过泸县，我还上岸去买了一册《繁星》），我的哥哥比我还更爱她的著作（他还抄过她的一篇小说《离家的一年》）。过去我们都是孤寂的孩子，从她的作品那里我们得到了不少的温暖的安慰。我们知道了爱星，爱海，而且我们从那些亲切而美丽的语句里重温了我们永久失去了的母爱。”他曾说过，是在冰心的影响下，才走上文学道路的。“冰心是前辈，我是晚辈，她是‘五四’时期中国最早的作家之一。我还年轻，就读她发表的诗了。”他谦虚地表示：“冰心大姊不过比我年长4岁，可她在前面跑了那么一大段路。她是‘五四’运动最后一位元老，我只是

这运动的一个产儿。”

20世纪80年代，巴金意识到自己有将一个时代的印记传承下去的责任，希望有一个专门的机构能够搜集、收藏、整理、研究、展示现代作家作品。1981年2月14日，巴金在为香港《文汇报》写的《创作回忆录》之十一《关于“寒夜”》和《创作回忆录·后记》中最早倡议建立中国现代文学馆。这一倡议于3月12日在《人民日报》正式刊载，立即在国内外引起强烈反响。4月20日，中国作家协会主席团扩大会议讨论通过，决定筹建中国现代文学馆，并报中央批准。

冰心得知此事，积极响应。她决定将那些与她一起经历了数十年风风雨雨保存下来的字画捐给筹建中的中国现代文学馆。

中国现代文学馆成立之后，冰心还为它题写了馆名，留下了手模。

同样，1992年，冰心研究会在福州成立，巴金同意出任会长，并对之后冰心文学馆的建设给予了大力支持。1994年，冰心在巴金画像旁题写赠言：“人生得一知己足矣，此际当以同怀视之。”巴金也给冰心题字：“冰心大姐的存在，就是一种巨大的力量，她是一盏明灯，照亮我前面的道路。她比我更乐观。灯亮着，我放心地大步向前；灯亮着，我不会感到孤独。”

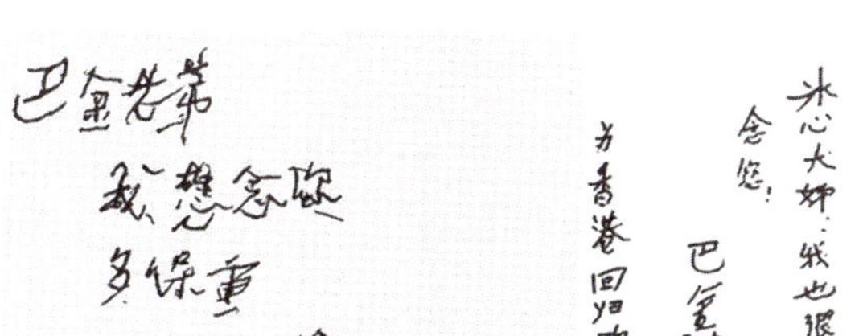

冰心与巴金的最后一次通信

1994年9月24日，冰心住进了北京医院。这是她最后一次住院，从此再未出院。10月5日，冰心第二次在医院度过

了她的生日。一大早，前来贺寿的人便络绎不绝，时任国务院副总理的李岚清同志，刚刚开完会就风尘仆仆地赶来了。他握着冰心的手，祝她生日愉快，还说："我们都是您的学生，小时候都读您的书，您经常不断地关心教育，我们非常感谢您。"冰心笑了笑，回道："百年大计，教育为本。"

冰心在住院的日子里，仍没有放下手中的笔。其中有不少是各式各样应邀的题字，写得最多的自然是"有了爱就有了一切"。不过，与前几年题的"有了爱便有了一切"相比，出现了一字之"改"，将"便"改为"就"！一字之差，似乎少了些顺理成章，多了些毫不犹豫，多了些情感上的肯定，仿佛在向世人表达着更为坚定的信念、更为殷切的期许！这也是冰心最后的绝笔，是她的世纪宣言。

其实，冰心最后亲笔手书的文学作品应为：《我家的精品》（1994年3月6日）、《〈雷洁琼文集〉序》（1994年4月11日）、《纪念叶老诞辰一百周年》（1994年7月15日）。住进了医院，冰心就无法亲自书写她心中的文学情怀，此后出现的一些作品，均为其口授之作，由陈恕记录下来，再念给她听，最后由她指点修改，加以确认，成文。

身在北京医院的冰心，却是荣誉不断：一是在中国作协第五次全国代表大会上，冰心被推举为中国作家协会名誉主席，这是中国作协历史上首次设立名誉主席；二是获得总部设在日本的"内藤寿七郎国际儿童奖"；三是由马来西亚拿督、世界著名华人传媒人张晓卿提议，"世界福州十邑同乡总会"设立了意在鼓励全球华文文学创作的"冰心文学奖"；四是《冰心全集》正式出版；五是被黎巴嫩总统授予国家级雪松骑士勋章。

1994年正式出版的《冰心全集》，由卓如主编，是冰心继20

世纪30年代之后的第二个“全集”版本，采用了编年体的形式，完整呈现了冰心近一个世纪的写作历程。1995年8月26日，福建省委宣传部、福建省新闻出版局和长乐市人民政府在人民大会堂联合举行《冰心全集》出版座谈会。全国人大、全国政协、中宣部、文化部、中国作协、新闻出版署等单位的领导悉数出席，中国新闻社记者耿军、黄少华发稿：“中国文学界近百位杰出代表此刻切身体会到‘德高望重’四个字的分量：包括费孝通、雷洁琼、卢嘉锡、赵朴初、叶飞、杨成武、项南等与会者，比预定时间提前半小时就静静地坐进了《冰心全集》出版座谈会所在的人民大会堂的浙江厅。”无法到场的冰心，发来了书面发言《不断地改正自己》，除了感谢的话，再一次强调了“批评”二字，并表示：“我要活到老，学到老，要不断地改正自己，才能写出较好的作品来。”

1995年3月7日，黎巴嫩驻华使馆和中国文化部举行授勋仪式，黎巴嫩大使法利德·萨玛赫代表黎巴嫩政府授予冰心黎巴嫩国家级雪松骑士勋章，并深情地说：“多亏了这位伟大的女士，纪伯伦的声音和他的人文思想才能得以不仅在黎巴嫩和美国而且在中国传播。”为了让冰心本人能够出席，文化部、外交部在北京医院专门布置了一个房间，冰心坐在轮椅车上，接受了这个荣誉，也接受了雷洁琼、赵朴初、翟泰丰、刘延东、张光年、陈荒煤、王蒙、萧乾、楚庄、邓友梅等人的祝贺。吴青代表母亲，宣读了冰心的致谢信：“黎巴嫩政府经总统亲自批准授予我国家雪松骑士勋章，我感到十分荣幸。这个荣誉不仅是给予我的，也是给予12亿中国人民的，对此我深表感谢。”

这是冰心最后一次出席公开活动。

1999年2月28日21时，冰心在北京医院逝世，享年99岁。在

黎巴嫩驻华大使法利德·萨玛赫向冰心授予骑士勋章和证书

她报病危之后，到医院看望冰心的人络绎不绝，其中就有党和国家的领导人和中央各部门的领导，有中国作家协会的领导和作家代表等。

3月19日，在八宝山第一告别室，人们从四面八方赶来，为冰心送行，其中有首都各界的中外友人，也有专程赶来的外地读者，既有文学界的老前辈，也有充满童心的小朋友，灵堂外前来送别的队伍多达数千人。热爱冰心的人们以最有诗意的方式向冰心做最后的告别。这里没有往日的肃杀，没有黑纱，没有白花，充溢着灵堂四周的，是大海一般的蔚蓝和玫瑰一般的鲜红。灵堂正面在一片浅蓝色和蔚蓝色的背景之下，衬托出冰心老人手书的“有了爱就有了一切”几个大字，周围是松柏，和用红玫瑰织成的红心图案。耳边响起的是大海的波涛声，还有海鸥翱翔的欢叫声，管风琴与小号的幽雅旋律从遥远的天际飘摇而来……

冰心逝世后，党和人民给她以高度的评价，称她为“二十世纪中国杰出的文学大师，忠诚的爱国主义者，著名的社会活动家，中国共产党的亲密朋友”。冰心的名言是“有了爱就有了一切”，她爱祖国爱故乡爱人民，特别是爱孩子；她热爱生活，热爱美好的事物，特别是喜爱玫瑰花的神采和风骨；她热爱中华民族和全人类经过历史积淀下来的一切优秀文化成果。她把一生都献给了孩子，献给了祖国和人民，献给了全人类。她的纯真、善良、刚毅、勇敢和正直，使她在海内外读者中享有崇高的威望。

我们每一个中国人都应该为有冰心这样一位以“爱心精神”著称的文学大师而感到自豪！

北京八宝山革命公墓“送别冰心”会场

第十三章

世纪老人 文坛祖母

回顾冰心的一生，她都是带着“爱”的精神为广大读者尤其是少年儿童写作，受到社会各界的喜爱。她的作品也在思想和文学史上被不断剖析，成为经典的文学符号。

爱在右，同情在左，走在生命路的两旁，随时撒种，随时开花，将这一径长途，点缀得香花弥漫，使穿枝拂叶的行人，踏着荆棘，不觉得痛苦，有泪可落，也不是悲凉。

——冰心：《寄小读者·通讯十九》

冰心的一生，视孩子为民族的希望、祖国的未来。她辛勤浇灌，为孩子写作，其作品影响了一代又一代的少年儿童。她把自己的稿费捐给了学校，捐给了希望工程。可以说，冰心把自己的一生都献给了孩子，许多人一提起冰心，便想起成长岁月中所受到她的教育、熏陶和艺术感染，内心便有了童真与温情。据不完全统计，《纸船·寄母亲》《观舞记》《谈生命》《忆读书》《雨后》《只拣儿童多处行》《山中杂记》《荷叶母亲》《小橘灯》《一只小鸟》《成功的花》《嫩绿的芽儿》《往事》《母亲》《青年人》等诸多作品入选中小学课本，深受广大读者和人民群众的喜爱。

冰心，一个历经百年风霜雪雨而终生善良的世纪老人；冰心，一个把“大爱”撒向人间而终生无悔的文化人。虽然斗转星移，沧海桑田，但是人们不会把她淡忘。正如——

阿英说：

青年的读者，有不受鲁迅影响的，可是不受冰心文学影响的，那是很少，虽然从创作的伟大性及其成功方面来看，鲁迅远超过冰心。

茅盾说：

在这里，我们觉得冰心女士所谓“人世间只有同情和爱怜，人世间只有互助和匡扶，”——这样的“理想的人世间”，就指的文艺元素之一的“微笑”；所谓的“人生的虚无”就指“苦难的现实”，就意味着所谓的“泪珠”。而且她明白的说：我要讴歌“理想的”，我不愿描画“现实”赚取人们的“泪珠”。

郁达夫说：

我以为读了冰心女士的作品，就能够了解中国一切历史上的才女的心情；意在言外，文必己出，哀而不伤，动中法度，是女士的生平，亦即是女士的文章之极致。

沈从文说：

冰心女士的作品，以一种奇迹的模样出现，生着翅膀，飞到各个青年男女的心上去，成为无数欢乐的恩物，冰心女士的名字，也成为无人不知的名字了。

巴金说：

一代代的青年读到冰心的书，懂得了爱：爱星星、爱大海、爱祖国，爱一切美好的事物。我希望年轻人都读一点冰心的书，都有一颗真诚的爱心。

魏巍说：

一颗善良美丽的星辰陨落了，而她的光芒，将永远留在几代人的心里……

张洁说：

从我认识她的那天起，我就想着，早晚有一天，我要写一写以真、善、美的情操教育了几代人的冰心同志。我母亲读过她的书，我读过她的书，我女儿读过她的书，想必我女儿的女儿也会读她的书。

谢冕说：

友朋聚坐，偶语往昔，我总怀着感激谈起少年时代成为挚友和良师的两本书：巴金的《家》，冰心的《寄小读者》。两本书中，前者给我热情，后者给我温暖；

前者教我抗争，后者教我爱心。

如果从1919年10月下旬《国民公报》署名“晚霞”的冰心作品短评算起，文学史上的“冰心”研究已近百年。“冰心”之于文学史的形象建构始自茅盾发表于1934年8月《文学》第3卷第2期的《冰心论》，这是冰心前期研究最有分量、影响最大的文章，具有独特意义。

而将“冰心”经典化的重要标志是入选由出版家赵家璧在20世纪30年代萌发创意并主编，由著名教育家蔡元培作总序，胡适、郑振铎、鲁迅、茅盾、郑伯奇、周作人、郁达夫、朱自清、洪深、阿英任分卷编选人的《中国新文学大系》。茅盾作为《中国新文学大系·小说一集》的选编者，选取了29位作家的58篇作品，他不仅将冰心放在选集的首位，而且给她选了最多的5篇小说，并在《导言》中给予肯定的评价。郁达夫选编的《中国新文学大系·散文二集》收入16位作家的150篇作品。他通过入选作品的数量与《导言》中对作家点评和分析来体现对作家评价的高低：把冰心作为唯一入选女作家，收入其作品22篇，仅次周氏兄弟之后列第三位；《导言》中对冰心散文毫不吝啬的赞美，反映了郁达夫个人对冰心散文的喜

现藏于冰心文学馆的《冰心论》（李希同编）

欢和重视。

中华人民共和国成立后，有关冰心的文学史形象始于王瑶的《中国新文学史稿》（开明书店1951年9月版），稍后见于张毕来的《新文学史纲》（作家出版社1955年11月版）。唐弢的《中国现代文学史》虽然出版于20世纪70年代末，但完成于60年代初，因而保留着那个时代特有的印记。

改革开放后，冰心文学史形象也有了变化，集中表现在钱理群等著的《中国现代文学三十年》。首先，体例处理上略有变化，虽然整体上仍把冰心置于“文学研究会”作家群中，但修订本中冰心开始出现于“节”的标题之中：“冰心、朱自清和‘文学研究会’作家散文”。其次，对冰心的散文给予高度评价，对冰心的小说、诗歌持较为保留的态度。

而此时一部具有广泛影响的思想史著作——李泽厚的《中国现代思想史论》，虽不是文学史，但其对冰心的评价站位高于同时代许多文学史作者。在这部著作中，李泽厚把冰心的文学创作置于20世纪中国思想史的框架中，阐释了冰心的意义，把冰心看作“五四”一代“开放心灵”的代表性作家，构建了一个具有思想史意义的冰心形象。

21世纪以来，在文学史著述方面影响最大的当属严家炎主编的《二十世纪中国文学史》，虽然在体例方面，无论章节标题，皆未出现冰心的名字，但很明显，冰心的分量有所增加，更符合作家创作实绩，认为冰心的散文“在文学史上占有独特的地位”，对冰心“问题小说”的评价同样提到积极促进的作用。

与此同时，德国学者顾彬所著的《二十世纪中国文学史》，从文体的视角看待冰心的文学史意义。顾彬认为，冰心与鲁迅、郁达夫、叶圣陶等一同创立了“现代中国叙事艺术”，特别表现在“语言塑造”方面，她的“清楚晓畅”的语言，体现了真正“现代汉语”的特点。顾彬指出，作为“问题小说”的创立者，冰心赋予了“问题小说”以“理想模型”。同时，顾彬更看重冰心的小诗创作，认为冰心是极具现代性的诗人，是“五四”时期与郭沫若“并肩”的诗人。

值得一提的还有孙宜康、宇文所安主编的《剑桥中国文学史》，对冰心的小说创作给予了相当关注、介绍和中肯评价：“冰心身兼诗人、散文家、短篇小说作家和儿童文学作家等多重角色。”

总之，冰心文学史形象的建构越来越趋于理性，越来越回归本体性和审美性。

除开文学史外，我们更应该看到“冰心”二字的社会价值。冰心“有了爱就有了一切”的思想，如春天的种子早已在人们的心中生根发芽，开花结果。迄今为止，以“冰心”命名的具有重大影响的奖项便有冰心奖、全国青少年冰心文学大赛、冰心散文奖、冰心文学奖。

冰心儿童文学奖于1990年设立，分小说、散文、童话、幼儿文学等类别。与宋庆龄儿童文学奖、陈伯吹儿童文学奖、全国儿童文学奖并称国内四大儿童文学奖。冰心奖产生于20世纪90年代初，为祝贺冰心老人九十大寿，纪念她一生为孩子们创作众多受欢迎的作品，在雷洁琼、韩素音、葛翠琳等社会各界名流的倡导支持下创立。吴作人、萧淑芳、杨沫、叶君健、吴全衡等诸位前

辈欣然加入了冰心奖评委会的队伍，创办初期，冰心身体尚佳时，每届都要亲自审读获奖作品。冰心奖设立以来，在每年冰心生日前后，都会举行颁奖大会。

全国青少年冰心文学大赛于1986年成立，每年举办一届，由中国散文学会、中国诗歌学会联合主办，为综合性青少年文学赛事，包括诗歌朗诵、古典诗词背诵、读书笔记展评等多项内容。大赛通过一系列文学活动，引导广大青少年多读书，善思考，勤写作，切实提高青少年文学素养。冰心曾担任过中国散文学会的名誉会长，冰心女儿吴青多次出席过全国青少年冰心文学大赛颁奖大会，并为获奖代表颁奖。

冰心散文奖是中国散文学会根据冰心的遗愿于2000年创立的。此奖项每三年举办一届，组织机构是中国散文学会。中国作协党组书记金炳华称："冰心女士是我国新文学运动的奠基人之一，是我们敬重和爱戴的前辈作家。以她光辉的名字命名的这项全国性的散文大奖，有着特殊的意义，它定会对我国今后的散文创作的繁荣与发展产生积极的影响。"冰心散文奖是与茅盾文学奖（长篇小说类）、鲁迅文学奖（中、短篇小说）并列的我国文学界散文类最高奖项，也是目前中国散文单项评奖的最高奖。在该奖的前5届评选中，先后有王本道、铁凝、贾平凹、迟子建、肖复兴、叶文玲等百余位作家获此殊荣。

冰心文学奖由世界福州十邑同乡总会主办。该奖每两年举办一届，每一届奖励一种文学体裁的创作，设第一、二、三奖各1名，佳作奖4名。1995年3月在美国旧金山召开世福第三届第一次常务理事会时，成立了冰心文学奖筹委会，叶松英时任总会文教部主任，他鲜明地提出了创办冰心文学奖的宗旨：褒扬同乡女作家冰心的文学贡献；鼓励世界各地华文文学创作，进一步提高华文文学创作水平；加强与增进世界各地华文作家的联系与友谊；促进世界各地华人对中华文化的重视与学习。从1996年9月第一届冰心文学奖（散文）在北京评颁奖至2018年，已成功举办了8届。

位于北京的中国现代文学馆中，有两幅巨大的壁画，在中国现代作家笔下的众多人物形象都呈现其间，如孔乙己、骆驼祥子、觉慧等，但色调大多灰暗、沉重、压抑，只有壁画的上空飘着一朵祥云，上面是一个天使，这是一抹亮色、一种希望，代表着冰心“爱的哲学”的文学形象和精神。

回首百年冰心，我们怀念她，将她的文学精神和大爱思想一代代继承下来传播下去，冰心老人也就永远和我们在一起，一起共筑幸福美好的明天！

结 语

“研究”是一个科学的名词。科学的态度是：严肃的，客观的，细致的，深入的，容不得半点私情。研究者像一位握着尖利的手术刀的生物学家，对于手底下的待剖的生物，冷静沉着地将健全的部分和残废的部分分割了出来，放在解剖桌上，对学生详细解析，让他们好好学习。

我将以待剖者的身份，静待解剖的结果来改正自己！

冰心

一九九二年十二月廿二日

阳光满案之晨

上述文字是冰心研究会成立之时，冰心在1992年12月22日，以92岁的高龄，于“阳光满案之晨”手写的《上冰心研究会同人书》。

1992年12月23日至25日，冰心研究会成立系列活动在冰心的故乡福建省福州市举行。

冰心的《上冰心研究会同人书》由吴青代表母亲在成立大会上宣读，到场的来宾无不被冰心的人格魅力所感染。

冰心研究会是一个群众学术团体，旨在研究和组织研究冰心的作品，冰心的创作道路，冰心与时代与读者与知识分子的关系，冰心的晚年创作现象，冰心对中国文学的贡献，冰心在世界文学中的地位，冰心在妇女、儿童、教育等领域的成就等。在冰心研究会中，巴金出任会长，叶飞、赵朴初、雷洁琼、夏衍、何少川、斯诺夫人、韩素音等担任顾问，王蒙、萧乾、许怀中、张锲、潘心城等担任副会长。研究会阵容之强大，规格之高，在全国的文学社团中实属罕见，可见冰心德高望重的地位与所受到尊敬的程度。

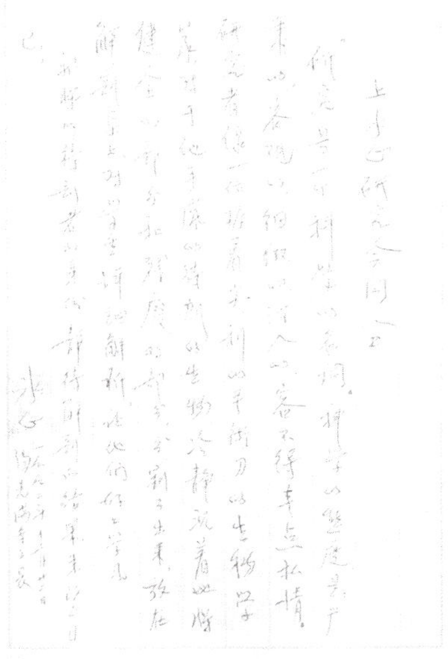

冰心《上冰心研究会同人书》手稿

1997年8月25日，在福建长乐，一座以冰心命名的纪念馆——“冰心文学馆”落成开馆。这座占地12亩、建筑面积4500平方米、展厅面积近600平方米，由中国科学院院士、著名建筑学家齐康教授亲自设计的长乐“新地标”，落地甫成，就被评为福州市十大优秀建筑和福建省二十大优秀建筑景观之一。同时，作为隶属于福建省文联的公益性作家博物馆，时至今日，已成为宣传和研究冰心的中心、福建省文学创作中心和对外文学交流中心、全国爱国主义教育示范基地、全国巾帼文明岗和国家AAA级旅游景区。

建馆伊始，冰心发来贺词：“欣闻‘冰心文学馆’在我的家

1997年8月25日，冰心文学馆建成开馆

乡长乐落成，我谨表示衷心的祝贺和感谢。‘文学馆’从1995年10月奠基到落成还不到两年，速度之快真出乎我的意料，我不仅盼到了香港的回归，而且看到了文学馆的落成，真叫我高兴！”中国现代文学馆馆长舒乙也不禁赞叹：“冰心文学馆是个创造，是个奇迹，它起码创了这么几个第一，第一座为健在的作家建造的纪念馆，第一座不是在作家故居而是择地另建的纪念馆，第一座不是共产党员革命烈士而是为民主人士建成的纪念馆，第一座规模如此大如此漂亮的纪念馆，还有一个第一，就是第一座综合性的作家博物馆。”

建馆20余年，冰心文学馆从一个地图坐标到有场馆拔地而起，从以图片展览为主到2004年冰心家人捐赠大量冰心遗物得以扩容，从组织游客参观到观者慕名而来，从购票进馆到全省范围内率先免费开放，从常年开放的“冰心生平与创作展览”到“走进冰心爱的世界”校园流动展览，共接待和服务海内外观众达120余万人次，其中青少年学生占五分之三。鉴于冰心文学馆的成绩与影响，2009年中宣部将其列为第四批“全国爱国主义教育示范基地”，在中央电视台《新闻联播》中，冰心文学馆作为标题新闻播出——这是中国博物馆界的最高荣誉。

与此同时，冰心文学馆流动展览，也承载着冰心的大爱精神，踏寻冰心“爱”的足迹，已先后在北京、上海、福州、厦门、南平、晋江、石狮、泉州、成都、昆明、呈贡、昌吉、石家庄等地举办，还前往新加坡、马来西亚等国家和中国台湾地区展出，参观人数逾十万人，其中百分之八十是中小学生，社会各界反响热烈。伴随着展览的传播，文学馆的对外交流也空前活跃，尤其是在日本设立了“冰心青少年文学奖”，成为常年交流的项目。

除了展示，冰心文学馆还先后在福建长乐、山东烟台、重庆、云南昆明等地召开了5届冰心文学国际学术研讨会，400多位来自全国各地和台湾地区以及美国、日本、捷克、新加坡、韩国、泰国等国家的冰心研究专家参加了研讨会，共计提交论文300余篇，会议成果均已结集出版。此外，还编辑出版了以冰心研究为主要内容的《爱心》杂志近70期，反映冰心的图书、画册和影视作品20多部，其中8集电视传记片《冰心》，荣获中宣部“五个一工程”奖。

1999年2月3日，时任福建省委副书记的习近平在参观冰心文学馆时曾说：“我们都是冰心先生的小读者，她博大爱心深受人们的敬仰，冰心文学馆的建成意义深远，是难得的爱国主义教育资源。”

1900年，冰心从福建出发，一步步走进文学的圣殿，以博大的爱心构建出独特的文学世界。百年之后，冰心文学馆同样从福建出发，在实现中华民族伟大复兴的中国梦进程中，踏着冰心“爱”的足迹，扬帆起航。

后　记

福建，山海相拥，人杰地灵，人文荟萃，英才辈出，产生了许多伟大的思想家、文学家、教育家、科学家和民族英雄、爱国先驱、革命将士、时代楷模。他们的教育成长、道德品行和思想文章，是福建的宝贵精神财富，教育和激励着一代代福建人努力学习、奋勇前行。福建省社会科学界联合会组织编写的“福建历史文化名人丛书”，以福建历史名人为题材，古今结合，意在从高处着眼、从基础着手，普及人文社会科学知识，促进人文道德养成，使社会科学知识走进大众、走进生活、走进现实，让更多的人了解福建历史名人，弘扬优秀传统文化，增强福建文化影响力和感染力，为建设文化强省添砖加瓦。

“福建历史文化名人丛书”（第五辑）所包含的张元幹、林龙江、李光地、华喦、梁章钜、冰心6个人物故事，记录了福建文化之于中国历史的影响，同时也以人物史的叙述方式生动地展现出中国人文精神的风骨和传统文化的传承。人物篇以人物生平为线索，在故事中体现传主的学问、事功、道德，凸显他们在中华文明进程中的重要作用，深入挖掘和阐发其内在精神，从而激起读者爱国爱乡的强烈情感，使之成为涵养社会主义核心价值观的重要源泉。

这套丛书以广大群众为读者对象，尤其是各年龄段的学生群体以及受过中等教育的读者，他们对这些历史名人的认知，大多来源于历史课本、乡土教材、文化景点和博物馆，很难形成具

体、深入、系统的认识。丛书深入浅出，雅俗共赏，通过一个个生动精彩的故事带领读者走进福建历史，走入人文社会科学的知识殿堂，融故事性、知识性、趣味性、可读性于一体，对提升大众的阅读水平、普及社会科学知识、提高人文社会科学文化素养和思想道德素质有着积极的作用。

专家刘小新老师对丛书写作大纲和书稿进行了认真审读，并提出了许多很好的意见和建议，在此表示感谢！本书的校对和出版还得到冰心之女吴青教授的大力支持，在此一并表示感谢！

由于编撰出版时间紧，经验和水平有限，疏漏在所难免，敬请广大读者批评指正。

编委会

2022年4月